Kurt Tepperwein / Felix Aeschbacher • Liebe und Partnerschaft intuitiv erleben

Kurt Tepperwein / Felix Aeschbacher

Liebe und Partnerschaft intuitiv erleben

Gemeinsam in Harmonie und Einklang sein

FSC
www.fsc.org
MIX
Papier aus verantwortungsvollen Quellen
Paper from responsible sources
FSC® C105338

Erstveröffentlichung © 2004 by Ennsthaler Verlag, Steyr
Originaltitel: „Intuition in Liebe und Partnerschaft“

2. Auflage
2020 © by IAW Anstalt, Vaduz
www.iadw.com

ISBN: 978-3-7526-7280-0

Die Deutsche Nationalbibliothek verzeichnet diese Publikation in der Deutschen Nationalbibliografie; detaillierte bibliografische Daten sind im Internet über www.dnb.de abrufbar.

Umschlaggestaltung: www.layART.li
Umschlagmotiv: ©fotolia.com

Herstellung und Verlag: BoD – Books on Demand, Norderstedt, Made in Germany

Internationale Akademie der Wissenschaften (IAW) Anstalt, FL-9490 Vaduz
Tel. +423/233 12 12, Fax +423/233 12 14

Inhaltsverzeichnis

Wir sind alle zum Lieben geboren.
Es ist der Sinn unseres Seins
und sein einziger Zweck.

Benjamin Disraeli

Einleitung

Die intuitive Liebe schließt nicht nur die herkömmliche, auf gegenseitigen Vorteil und Sexualität basierende Partnerschaft ein, sondern bietet auch einen erweiterten Einblick in die physische, geistige und spirituelle Dimension der Liebe. Intuition ist die Fähigkeit, komplexe Zusammenhänge unserer multidimensionalen Existenz zu erfassen. Sie ist sozusagen unser geistiges Organ, das uns mit den feinstofflichen Bereichen unserer Existenz in Verbindung treten lässt und Kommunikation mit und innerhalb dieser feinstofflichen Welten ermöglicht.

In diesem Buch werden Möglichkeiten aufgezeigt, Intuition für den zwischenmenschlichen Bereich zu schulen.

Jeder Mensch besitzt ein bis zu einem gewissen Grad entwickeltes intuitives Wahrnehmungsvermögen. Das bedeutet, dass für viele Probleme bessere Lösungen erzielt werden könnten, wenn diese Anlagen geweckt werden würden.

Vor allem in Partnerschaften würde das positive Veränderungen mit sich bringen, denn dort sind die Ursachen für Zwiespalt fast immer auf unbewusste Bilder zurückzuführen. Wer noch nicht bewusst lebt und seine Vorstellungswelt nicht im Griff hat, kann sehr schnell falsche Ansichten von den Menschen in seiner Umgebung übernehmen. Wer dagegen ganz bewusst die intuitive Liebe praktiziert, kann nicht nur viele Probleme vermeiden, sondern seine partnerschaftlichen Fähigkeiten, seine inneren Potenziale und seine Liebesfähigkeit entdecken und weiterentwickeln.

Durch Visualisierungsübungen und Intuitionstraining, die in diesem Buch speziell für Partnerschaften aufgezeigt werden, kann man lernen, auf die Stimme der Intuition zu hören und von ihr zu profitieren.

Die Erfahrung der Liebe ist eine unendliche Bereicherung. Sie ist es, die die Seelenkräfte wachsen lässt und diese zum Fließen bringt, die unseren Energiekörper harmonisiert und die helfen kann, die göttlichen Eigenschaften eines jeden Menschen offen zu legen.

Teil I

Wege zur intuitiven Liebe

1. Die Liebe

In der Liebe versinken und verlieren
sich alle Widersprüche des Lebens.
Nur in der Liebe sind Einheit und
Zweiheit nicht in Widerstreit.
Rabindranath Tagore

Die Liebesfähigkeit eines Menschen zeigt die Reife seiner Seele, doch was häufig als Liebe bezeichnet wird, hat noch wenig damit zu tun, ist eher eine Blüte, die wir gedankenlos vom Baum des Lebens pflücken, bevor sie zur Frucht werden konnte.

Die meisten Menschen glauben, dass Liebe eine Sache des Zufalls ist, etwas, das geschieht, wenn das Glück es einem beschert. Bleibt das Eintreffen des Ereignisses »Liebe« jedoch aus, wird das Schicksal bemüht, um diese unbefriedigende Situation zu erklären. Man fühlt sich benachteiligt und vom Pech verfolgt, besonders wenn die eigene Liebe nicht erwidert wird. Ein Selbstverschulden an der Situation wird meist nicht erkannt. Die Kunst des Liebens aber erfordert Wissen um die Zusammenhänge und die Bereitschaft, sich für die Liebe einzusetzen.

Leider interessieren sich viele Menschen nur für den Teil der Liebe, den sie selbst bekommen. Sie wollen von allen geliebt werden und kümmern sich weniger darum, inwieweit ihre eigene Fähigkeit zu lieben ausgeprägt ist. Um das Ziel, geliebt zu werden, zu erreichen, wird viel investiert: Frauen beispielsweise verschönern sich zu diesem Zweck, schminken sich, kleiden sich modisch und duften verführerisch. Andere wiederum achten auf angenehme Manieren, sind gebildet und in der Lage, sich interessant zu unterhalten. Ganz Eifrige studieren noch geistige Techniken, um leichter Freunde zu gewinnen. Nur wenige sind bereit, selbst mehr zu geben und wirklich lieben zu lernen. Aber Äußerlichkeiten sind vergänglich und die auf Äußerlichkeiten aufgebaute Liebe stirbt so schnell wie diese Oberflächlichkeiten.

Weit verbreitet ist auch die Meinung, dass es gar nichts zu lernen gibt, weil die Liebe abhängig vom Objekt sei und nicht von der eigenen Bereitschaft: Wenn mir nur der richtige Partner begegnet, dann kommt die Liebe von selbst – vergessen wird dabei aber, dass lieben geben und nehmen ist und dass sie immer mit dem Geben beginnt. Vielleicht ist das Erste, was ich gebe, ein guter Eindruck, den ich durch mein äußeres Erscheinungsbild hinterlasse – aber das hält nicht lange an. Will ich wirklich Liebe erleben, erfordert dies schon bald mehr. Das ganze Geheimnis der Liebe besteht darin, selbst ein wirklich Liebender zu werden.

Dem »idealen Partner« kann ich erst begegnen, wenn ich ein idealer Partner geworden bin. Zu einem früheren Zeitpunkt ist Begegnung auch mit schmerzvollen Erfahrungen verbunden, weil ich dem anderen auch kein idealer Partner sein kann. Meine »ideale Liebe« kann erst in mein Leben treten, wenn ich zu lieben gelernt habe. Dann ziehe ich sie dem Resonanzgesetz nach an. In diesem Stadium benötige ich nichts mehr und bekomme alles und lebe in der Fülle meines wahren Seins.

Der Sinn jeder Partnerschaft ist, dass ich mich stufenweise zu einem Liebenden entwickle, indem mich der andere mit meinen Mängeln konfrontiert, mir zeigt, wo ich noch nicht ganz »heil«, nicht »ich selbst« bin. Die Auseinandersetzung mit dem anderen führt mich letztlich zu »mir selbst«, da er mir hilft, ganz ich selbst zu werden. So ist der Partner, den ich derzeit habe, der ideale Partner für mich und ich für ihn, denn er repräsentiert meine eigene Entwicklungsstufe.

So gesehen hat jede Liebesbeziehung eine dem Reifegrad der Partner entsprechende Qualität und Intensität. Aber gemeinsam sind wir auf dem Weg zu uns selbst, ob wir es wissen oder nicht. Eine »reibungslose Partnerschaft« wäre daher auch nur sinnvoll, wenn eine gemeinsame Aufgabe dies erfordert.

Das große Glück strömt mir nicht entgegen, indem ich ein Höchstmaß an Liebe von meinem Partner bekomme. Erst wenn man weiß, was es bedeutet, Liebe zu verschenken und zu empfinden, weiß man auch, was es heißt, wirklich glücklich zu sein. Wenn ich die Fähigkeit, Liebe zu empfinden und zu verschenken, steigere, steigere ich gleichzeitig mein Glücksempfinden. Was würde es mir nützen, wäre ich schön, hätte Erfolg, Geld und Macht, würde gemocht und bewundert, meine Seele aber bliebe leer, weil ich selbst keine Liebe verschenkte.

Im Gegensatz zu Beziehungen, in denen der eine ohne den anderen nicht mehr leben kann, brauchen sich in einer idealen Verbindung die Partner eigentlich nicht mehr, weil sie miteinander und aneinander »heil« geworden sind und jeder die Aspekte des anderen in sich aufgenommen hat. In dieser »Kunst zu lieben« liegt der ganze Sinn des Lebens.

Ein Mann suchte sein Leben lang nach der idealen Partnerin. Er wurde reich und berühmt – blieb jedoch allein. Als er alt war, fragte ihn ein Reporter, ob seine Suche keinen Erfolg gehabt habe, und er antwortete: »Doch, ich habe sie gefunden. Als ich dreißig war, bin ich ihr begegnet. Aber leider suchte auch sie nach dem idealen Partner!«

So wie diesem Mann geht es vielen von uns. Wir sind auf der Suche nach der großen Liebe und übersehen, dass wir nach dem Gesetz der Resonanz den Traumpartner ja erst dann anziehen können, wenn wir selbst diese Stufe erreicht und uns zum idealen Lebensgefährten entwickelt haben.

Und wir begehen noch einen Fehler: Wir suchen nach der Liebe außen – wir wollen geliebt werden. Unbewusst sehnen wir uns nach der Situation unserer Kindheit zurück, als wir so geliebt wurden, wie wir waren, umsorgt wurden und uns geborgen fühlten. Verständlich, dass wir dieses Gefühl des Geliebtseins und der Geborgenheit nicht verlieren möchten. Doch ich kann nur so viel Liebe bekommen, wie ich selbst gebe. Die Mutterliebe war ein »Vorschuss« des Lebens, den ich als Erwachsener zurückzahlen muss. Liebe ist wie eine einsame Berghütte, man findet nur vor, was man mitbringt.

Manche Menschen aber haben Angst vor der Einsamkeit, fühlen sich ohne Partner nicht lebensfähig, sind unfähig, allein glücklich zu sein, und hoffen, dass ihre Einsamkeit verschwindet, wenn sie mit jemand anderem ihr Leben teilen. Dies bewahrheitet sich aber nicht, Glück und Zufriedenheit stellen sich nicht allein durch das Zusammensein ein, zumal in einem solchen Fall auch noch die Angst hinzukommt, den anderen wieder zu verlieren. Angst jedoch ist keine Grundlage für wirkliche Liebe.

Was ist die Liebe?

Liebe ist ein Sehen.
Liebe ist ein Geben.
Liebe ist ein Nehmen.
Liebe ist immer ein Mehr.
Liebe ist das, was glücklich macht.

Liebe ist	ein Licht, das leuchtet. Wo immer dieses Licht hinfällt, wird es heller, wärmer und ehrlicher.
Liebe ist	ein Strahlen nach allen Seiten.
Liebe ist	das Leuchten in der Nacht.
Liebe ist	die Handschrift, mit der etwas geschrieben wird.
Liebe ist	der einzige Weg, der das Sein erweitert.
Liebe ist	die einzige Kraft, die seelische Wunden heilt.
Liebe ist	Grenzüberschreitung.
Liebe ist	das Über-sich-Hinausschauen.
Liebe ist	der Blick aufs Ganze.
Liebe ist	die Bereitschaft, sich jederzeit in Frage stellen zu lassen.
Liebe ist	eine Haltung (z.B.: Ich zeige mich dir so, wie ich wirklich bin).
Liebe ist	das Bestehenlassen des anderen.
Liebe ist	das Annehmen des anderen.

Schritte auf dem Weg zur wahren Liebe

So sehr ein Mensch sich entfaltet,
wenn er geliebt wird,
viel schöner noch entfaltet sich
der liebende Mensch.
Horst Zentgraf

Die Liebe tritt nicht plötzlich in das Leben ein, sie stürmt nicht auf uns ein wie ein Hurrikan, dem man sich nicht widersetzen kann. Die Liebe kommt auf leisen Sohlen und nicht ohne eigenes Zutun.

Zuerst gilt es, sich selbst lieben zu lernen. Ist man dazu nicht in der Lage, versucht man, die Leere, die durch den Mangel an

Selbstliebe entsteht, mit der Liebe des anderen zu füllen. Ganz egal, wie viel Liebe man bekommt, es wird nie ausreichen; es kann gar nicht ausreichen, denn wer sich selbst nicht liebt, wird die Liebe von außen nicht glauben, nicht verstehen und in ihrer Größe nicht erkennen können, da man an sich selbst nichts Liebenswertes entdeckt und das Lieben noch nicht gelernt hat. Wir müssen zuerst lernen, uns selbst die Liebe zu schenken, die wir verlangen. Dann können und werden uns die anderen lieben und ihre Liebe wird erfüllend sein. Das ist das Wunderbare an der Liebe, dass sie keine Sache von Geld und Besitz ist; jeder kann sie empfangen und jeder kann sie verschenken. Man kann sie selbst einpflanzen und großziehen, sie ist eine Quelle, die nie versiegt, sie ist völlig unabhängig und frei von äußeren Umständen.

Habe ich meine Selbstliebe entdeckt und in meinem Leben integriert, kann ich mich in Liebe auch den anderen zuwenden. Aus dieser Zuwendung kann ich so viel Befriedigung und Glück erleben, dass ich nicht mehr danach frage, was ich bekomme. Wenn ich einen Baum betrachte und bewundere, erlebe ich seine Gestalt als seelisches Wohlbefinden, als Kraft- und Ruhespender, als Lebensfreude. Ich erfreue mich einfach daran, dass es ihn gibt, ich liebe ihn so, wie er ist.

Will ich in der Liebe glücklich werden, muss ich zwei Dinge auflösen: die Angst, nicht genug geliebt zu werden, und das Verlangen, den anderen besitzen zu wollen. Denn wer Angst hat und besitzen will, läuft Gefahr, letztlich alles zu verlieren.

Wenn ich die Liebe im Herzen trage und eine liebevolle Einstellung zu meinem Partner habe, verfüge ich über eine geheimnisvolle Kraft, die auch das Herz des anderen öffnet.

Wer in der Liebe ist, von dessen Leib
fließen Ströme lebendigen Wassers.
Johannes, Kap.7, Vers 38

Um die wahre Liebe in mir zur Entfaltung zu bringen, muss ich auch meine Liebe zu Gott entdecken, dann Gott im Menschen erkennen – und zwar in allen Menschen – und Gott in jedem Menschen lieben. Denn die wahre Liebe ist grenzenlos, da kann ich nicht nur den einen lieben und den anderen von meiner Liebe ausschließen. Das ist die höchste Stufe der Liebe und umfasst das gesamte Universum. Daher ist die Liebe zu einem Partner noch unvollkommen.

Die wahre Liebe definiert sich nicht in meiner Beziehung zu einem Gegenüber, sie existiert auch ohne Gegenüber. Liebe ist einfach, durchdringt und erfüllt mich. Erst aus diesem tiefen inneren Durchdringen und dem Erkennen des Göttlichen in allem entsteht die »All-Liebe«, die nichts mehr ausschließt und nichts mehr bevorzugt. Diese wahre Liebe ist das Einschwingen in das göttliche Einssein. Ein Mensch, der so liebt, liebt nicht irgendjemanden oder irgendetwas, er ist selbst Liebe geworden.

Der wichtigste Baustoff für jede tiefere Beziehung ist das gegenseitige Vertrauen. Aber die Fähigkeit, jemandem zu vertrauen, setzt voraus, dass man sich selbst trauen kann, sich selbst etwas zutraut, sich selbst vertraut. Kann man den eigenen Gefühlen und Stimmungen trauen? Selbstvertrauen gewinnt man, wenn man denjenigen kennt, dem man vertrauen soll, nämlich sich selbst. Selbstvertrauen setzt so Selbsterkenntnis voraus, Selbsterkenntnis wiederum das Erkennen dieses Selbstes, dabei dienen mir meine Mitmenschen als Spiegel. Sämtliche Verhaltensweisen, die mich am »Du« stören, deuten auf ein ebensolches Manko in mir selbst.

Wer sich selbst liebt, sich selbst annimmt, sich ohne jede Einschränkung akzeptiert, der hat bereits die Basis für Selbstvertrauen und Selbsterkenntnis gelegt. Er wird sowohl von den anderen als auch vom Göttlichen geliebt und dort, wo die Energie der Liebe fließt, ist kaum Raum für Ängste, Selbstzweifel und andere zersetzende Emotionen. Wichtig ist, dass man lernt, diese subtile Energie der Liebe zu entdecken, zu spüren und mit dieser kosmischen Energiequelle in Verbindung zu treten.

Das Wesen der Intuition

Es gibt keine Täuschungen des Herzens.
Was das Gefühl uns sagt, ist alles wahr,
wenn auch mitunter nur für einen Augenblick.
Isolde Kurz

Jeder Mensch verfügt über zwei Wahrnehmungssysteme – das bewusste und das unbewusste, wobei die Intuition bei den meisten Menschen noch im Unbewussten liegt. Deine intuitive Wahrnehmung umfasst alle Bereiche nonverbalen Wissens. Sie ist eine von innen her aufkommende Erkenntnis oder Einsicht, die sich durch ganz bestimmte Gefühlsregungen äußert: eine Ahnung, eine Befürchtung, eine Voraussicht, einen Geistesblitz oder eine zwingende Notwendigkeit. Oft spricht man vom sechsten Sinn, von Inspiration oder vom guten Riecher. Doch dahinter verbirgt sich nichts anderes als deine innere Führung, die Intuition, die bei Kindern noch viel stärker ausgeprägt ist als bei Erwachsenen. In jedem von uns ist die Fähigkeit zum intuitiven Handeln verankert, sie muss lediglich wiederentdeckt und mit Geduld ausgereift werden. Die Intuition ist eine stillgelegte Quelle, die angezapft werden will.

Ganz alltägliche Situationen können mithilfe intuitiver Impulse gemeistert werden. Ruft beispielsweise eine gute Bekannte oder ein guter Freund an, ob du mit ihm oder ihr etwas unternehmen willst, dein Partner aber hat sich schon auf einen gemütlichen Abend zu zweit eingestellt, wie reagierst du? Auf der einen Seite würdest du deinen Bekannten schon gerne mal wieder treffen, über alte Zeiten sprechen oder Ähnliches, aber andererseits möchtest du auch Rücksicht auf deinen Partner nehmen. Horch in solchen Fällen in dich hinein! Steigt ein gewisses Unwohlsein in dir auf, so bedeutet das »nein«, du solltest, um beim Beispiel zu bleiben, deinen Bekannten auf ein andermal vertrösten; eine aufkommende bejahende Stimmung aber kann als ein »Ja« interpretiert werden.

Intuition, das wirst du sehr rasch erkennen, ist schneller und zuverlässiger als jede Begründung. Besonders zwischenmenschliche Beziehungen setzen ein hohes Maß an intuitivem Verständnis und intuitiven Reaktionen voraus, um erfolgreich zu sein. Da intuitive Erkenntnisse keiner Sequenz folgen und nicht beweisbar sind, halten viele Menschen sie für undurchschaubar und trauen ihnen nicht. Diese intuitive Datenbank jedoch funktioniert unmittelbar, individuell und ist ein sehr komplexes System. Die intuitive Erkenntnis ist der logisch-analytischen Erkenntnis meist weitaus überlegen. Auch hier gilt: Übung macht den Meister.

2. Das Wesen der intuitiven Liebe

Die stille Kraft der Liebe kennt keine Grenzen.
Maharishi Mahesh Yogi

Wolltest du schon immer das Empfinden deines Partners erfühlen? Du besitzt die Fähigkeit dazu, du musst nur daran arbeiten. Prinzipiell kann jeder die Gefühle anderer Menschen wahrnehmen, sie in sein Bewusstsein eindringen lassen.

Wenn du bereit bist, deine intuitive Wahrnehmung zu aktivieren, kannst du die emotionale Verfassung deines Partners spüren. Du kannst dich aber auch selbst beobachten und herausfinden, in welcher Stimmung du gerade bist, und lernen zu verstehen, wie diese Gefühle entstehen. Die Gefühlswahrnehmung bedarf einiger Übung, wobei es vor allem darauf ankommt, sich stets auf eigene Erfahrungsbereiche zu konzentrieren. Hier hilft es kaum, vorgefasste Meinungen von anderen zu übernehmen. Man sollte versuchen, möglichst unvoreingenommen seine eigene Erfahrungs- und Wahrnehmungswelt kennen zu lernen.

Liebe kann durch bestimmte Meditationsformen ganz gezielt geweckt werden. Aber es gibt darüber hinaus noch viele andere Wege, sich der Energie der Liebe zu öffnen; zum Beispiel durch Vorstellungsübungen, die eine sinnliche Empfindung für Liebe vermitteln, sei es bildlicher, akustischer oder geruchsmäßiger Natur. Dadurch werden genau die Schwingungen erzeugt, die mit diesen Vorstellungen verbunden sind.

Eine Liebesmeditation kann auf ganz einfache Art durchgeführt werden:

Setze dich dabei ganz entspannt hin, atme einige Minuten kräftig durch und bitte dann die Intuition, dir ein Bild zu zeigen, das für dich Liebe symbolisiert. Wenn du nun dieses Bild einige Minuten hältst und diese dabei entstehende Energie in deinen Körper fließen lässt, hast du bereits eine erste Erfahrung gemacht, die das Gefühl von Liebe in dich eindringen lässt. Du siehst, auch ohne Anstoß von außen gelingt es, Liebe wachzurufen.

Gezieltes Training der eigenen Intuition lässt sich vor allem dadurch verwirklichen, dass man es zur Gewohnheit werden lässt, sich mit der Frage zu beschäftigen, wie sich der Partner wohl gerade fühlen mag. Am Anfang musst du sicherlich mit einigen Rückschlägen rechnen, denn auf dem Gebiet der telepathischen Gefühlswahrnehmung ist noch sehr selten ein Meister vom Himmel gefallen. Aber nach einigem Üben klappt es in der Regel immer. Du musst stets darauf achten, dass du wirklich ganz entspannt bist, wenn du diese Übung durchführst. Meditation und autogenes Training können es dir erleichtern, diesen Entspannungszustand zu erreichen. Je weiter du auf diesem Gebiet fortgeschritten bist, desto leichter wird es dir fallen, dich in den Gefühlszustand deines Partners zu versetzen.

Wenn du jedoch Schwierigkeiten haben solltest, in den Entspannungszustand, auch Alphabereich genannt, zu gelangen, dann gehe folgendermaßen vor: Fixiere mit deinen Augen einen Punkt in einiger Entfernung und beginne dann, mit den Augen gleichzeitig nach links und nach rechts den Horizont zu erweitern. Schon nach kurzer Zeit wirst du dich in einer ruhigen und harmonischen Verfassung befinden und die Sorgen des Alltags hinter dir gelassen haben. In diesem Zustand ist dein Geist nun bereit, intuitiv die Gefühlsebene deines Partners zu erkunden.

Als Einstieg bietet es sich an, ein Foto des Partners heranzuziehen. Achte darauf, dass keine andere Person darauf mit abgebildet ist. Konzentriere dich beim Betrachten des Bildes einzig darauf, zu erkennen, in welchem Gemütszustand sich dein Partner zum Zeitpunkt des Fotografierens befunden hat. Diese Übung kann natürlich auch mit einem Foto aus der Kindheit durchgeführt werden. Versuche, den Gemütszustand von damals in dir wachzurufen. Lass dich dabei nur von deiner Intuition leiten und schalte deinen analysierenden Verstand ganz aus. Konzentriere dich rein intuitiv auf deine innere Wahrnehmung.

Die Intuition kann in Beziehungen eine sehr belebende Wirkung zeitigen. Mit etwas Training kann jeder auch bei nur durchschnittlicher Begabung schon sehr rasch verblüffende Erfolge erzielen. Dabei kommt es vor allem darauf an, die Fähigkeit zur intuitiven Wahrnehmung sowie das Bewusstmachen dieser Wahrnehmung zu schulen.

Jede Beziehung baut auf den Möglichkeiten auf, die im jeweiligen Menschen angelegt sind und welche er imstande ist, auszubauen und zu vervollkommnen.

Die intuitive Liebe umfasst den ganzen Menschen und berührt demgemäß auch den Partner in seiner Ganzheitlichkeit. Sie wirkt sich regenerierend und heilend auf die Psyche der von ihr erfassten Liebenden aus, da sie einen ständigen feinstofflichen Energieaustausch verursacht, der einen besonders positiven Einfluss auf die Schwingung des feinstofflichen Energiekörpers ausübt. Kommt es bei einer sehr intensiven und innigen Liebesbeziehung jedoch zum Austausch negativer Energien, so potenziert sich die negative Wirkung im Vergleich zu einer oberflächlichen Partnerschaft um ein Vielfaches.

Durch das Band der Liebe öffnet sich ein intuitiver Kanal zwischen beiden Partnern, wodurch die Energien in eine ständige Wechselbeziehung treten, die bei der geschlechtlichen Vereinigung eine ganz besondere Intensität erreichen.

Wichtig ist es, vollkommen vorurteilslos an die Frage heranzugehen, welche Partnerschaft für mich erstrebenswert wäre und wie ich diese in Einklang bringen kann mit den Zielen meiner spirituellen Entwicklung sowie anderen Aufgaben und Verpflichtungen, die ich bereits eingegangen bin oder mir noch vorgenommen habe.

Wahre Liebe ist weder durch Raum noch durch Zeit noch durch irgendwelche Kommunikationsschranken begrenzt. Zwei Menschen, die eine tiefe Liebe zueinander entwickelt haben, wissen, dass ein einziges Menschenleben dafür nur sehr kurz ist, für viele vielleicht sogar zu kurz. Nur wem es gelingt, Liebesfähigkeit in sich wachsen zu lassen, ist auch wirklich frei von Abhängigkeiten und kann Beziehungen seiner Wahl eingehen und sie nach seinen Wünschen gestalten.

Intuition und Liebe

Intuition und Liebe sind ganz außergewöhnliche und die Grenzen des Verstandes übersteigende Dimensionen unseres Menschseins. Die komplexen Zusammenhänge der Phänomene »Intuition und Liebe« lassen sich nicht ohne weiteres durch abstrakte Denkstrukturen nachvollziehen. Dementsprechend umfassend sind die Möglichkeiten, die sie dir bieten. Freude, Glück, Zufriedenheit, Vertrauen, Verständnis, Geborgenheit können auch in dein Leben Eingang finden und es positiv verändern. Täglich angewendet und praktiziert, können sich durch Intuition und Liebe diese Ressourcen in dir auftun und dein Leben unendlich bereichern.

Ein Auto, eine neue Wohnung, eine wunderschöne Einrichtung, das alles kannst du dir erst kaufen, wenn du hart dafür arbeitest, und du kannst dir vieles leisten, auch wenn deine Gesundheit, die du dafür eingesetzt hast, bereits ruiniert ist.

Anders verhält es sich bei der Liebe und der Intuition. Sie wirken sich sofort auf dein Leben aus. Liebe kannst du dir aber nicht kaufen und niemand kann dir Intuition schenken. Nur du selbst kannst dir dieses Geschenk machen. Du kannst lernen, die Liebe in deinem ganzen Körper zu spüren, kannst erfahren, wie angenehm es ist, wenn du von den Schwingungen der Liebe getragen wirst und die Ausstrahlung von deiner Umgebung wahrgenommen wird. Du erfährst dann, dass sich deine Mitmenschen plötzlich dir gegenüber ganz anders verhalten. Über diese Anlagen verfügt jeder Mensch und sie tragen zu seiner geistigen Weiterentwicklung direkt und einschneidend bei.

Liebe und Intuition sind aber auch deshalb so schwer durch den Verstand zu erfassen, weil sie überwiegend Aktivitäten auf der feinstofflichen Ebene widerspiegeln. Es ist bereits sehr viel über die Liebe geschrieben worden, aber noch sehr wenig über die Kraft, die der Liebe innewohnt. Liebende können sich oft über längere Zeiträume verbunden fühlen. Der Verstand ist darauf dressiert, nur das zu akzeptieren, was man sehen und fassen kann. Er begreift diese feinstofflichen Bande nicht und daher existieren sie für ihn auch nicht. Dort, wo dem Verstand die Grenzen gesetzt sind, beginnt das Reich der Intuition, der unbegreifbaren Wahrnehmung. Viel Unerklärliches und vieles, was manche Menschen der Einbildung zuordnen, lässt sich sehr einfach erklären. Jeder Gedanke besitzt ein Energiepotenzial, das zur Verwirklichung drängt. So verhält es sich auch bei der Liebe. Liebe ist die Aufmerksamkeit, das Vertrauen, die Zuneigung, die Leidenschaft, die Anziehungskraft, die man einer bestimmten Person gegenüber entwickelt. Diese geistige Energie, die Energie der Liebe, wird durch ihre Kraft, durch ihre Qualität und Intensität bestimmt.

Wenn wir aber diese Grenzen des Verstandes als unsere eigentlichen Grenzen annehmen, so schränken wir uns in unserer Wahrnehmungsfähigkeit selbst ein und erkennen nur das, wovon wir auch überzeugt sind, dass es existiert. Wer also ohne jeden Zweifel glaubt, Telepathie oder Intuition gäbe es nicht, versperrt sich Möglichkeiten, höhere geistige Potenziale in sich zu wecken.

Die feinstofflichen Verbindungen kannst du bewusst wahrnehmen, wenn du dich einige Zeit in diese Richtung sensibilisiert hast und diese Wahrnehmung auch mit aller Überzeugung anzunehmen bereit bist. Durch Ungewissheit wird ein Gefühl des Zweifels hervorgerufen, das sich bei Wahrnehmungsvorgängen auf deinen Gemütszustand überträgt.

Natürlich ist Telepathie wissenschaftlich keineswegs mehr umstritten, sondern vielmehr Ausgangspunkt für weitere Forschungen. Ähnlich verhält es sich mit der ätherischen Aura, auch sie hat bereits Eingang in die medizinische Forschung gefunden. Es gibt eigene Geräte, die diese Aura für medizinische Diagnosezwecke sichtbar machen können, wobei die dabei auftretenden unterschiedlichen Farben und die Dichte als Indikatoren für Krankheiten fungieren. Diese aurische Ausstrahlung, das Energiefeld, das jeden Menschen begleitet, kann intuitiv wahrgenommen werden. Man kann sich empathisch in das Emotionsfeld des Partners »einschwingen« und intuitiv seine Sorgen, seine Liebe und sein Einfühlungsvermögen erkennen. Hat man einen Partner, der über bestimmte Probleme nicht gerne spricht, so können auf diese Weise Barrieren überwunden und die vielleicht oft als Unnahbarkeit empfundene Distanz reduziert werden.

Ganz deutlich konnten solche feinstofflichen Beziehungen zwischen Mutter und Kind beobachtet werden. Eine Mutter, die Klavier spielt, hat ein bestimmtes charakteristisches Energiefeld um sich, das Ausdruck ihrer Hinwendung zur Musik ist. Dieses Energiefeld verändert sich, wenn unvermutet und ohne akustisch bemerkt zu werden das Kind der Mutter den Raum betritt – es geht in Resonanz mit dem des Kindes und zeigt deutliche Ähnlichkeiten zu dem Energiefeld auf, das sich bildete, als die Mutter noch vor dem Musizieren ihrem Kind das Essen zubereitet hatte.

Experimente dieser Art wurden auch auf der Basis von Gehirnfrequenz-Messungen durchgeführt. Dabei werden die Gehirnströme von einem Computer gemessen und als Schwingungen aufgezeichnet. Treffen sich zwei Personen, die sich lieben, so transformieren sich die Gehirnströme beider Partner, ihre Gehirnfrequenzen nähern sich gegenseitig an und überlagern sich harmonisch. Da diese Phänomene auch dann auftreten, wenn keine visuelle Wahrnehmung vorhanden ist, kann in solchen Fällen von einer telepathischen beziehungsweise feinstofflichen energetischen Verbindung ausgegangen werden.

Bei Tieren hat man festgestellt, dass die Mutter einen Schmerz, der ihren Jungen zugefügt wurde, auch dann noch wahrnimmt, wenn sie selbst mehrere Kilometer entfernt ist. Werden diese Schmerzen einem anderen Tier der gleichen Gattung zugefügt, so ist diese Wahrnehmung nicht gewährleistet. Es zeigt sich also, dass bei Tieren, wenn eine familiäre Beziehung der Zusammengehörigkeit und Zuwendung besteht, eine intuitive Wahrnehmung von Empfindungen möglich ist.

Die intuitive Liebe

Die intuitive Liebe kann man am besten mit dem Bild einer geistigen Symbiose veranschaulichen. Diese geistige Symbiose basiert auf einem feinstofflichen Energieaustausch. Wenn in einer Beziehung die Partner diese Liebesenergie in sich zur Entfaltung bringen, wirkt die so gewonnene Ausstrahlung auch für sie als Paar. Es kommt vor, dass ein solches »symbiotisches« Paar von der Umwelt anders gesehen und auch behandelt wird als ein Paar, das die Stufe der gedanklichen Verschmelzung noch nicht erreicht hat.

Die Intuition bedient sich der energetischen Wahrnehmung. Jedes Gefühl, jeder Gedanke, jede Vorstellung ist eine Schwingung mit einer bestimmten Frequenz. Negative Emotionen wie Zorn, Wut und Ärger erzeugen unangenehme, disharmonische Schwingungen und sie werden auch so, mehr oder weniger bewusst, wahrgenommen.

Unsere Gedanken und unsere Emotionen bestimmen Gestalt und Aussehen unseres grobstofflichen Körpers und sind damit gleichzeitig für unsere feinstoffliche Ausstrahlung verantwortlich. Der wesentliche Unterschied zwischen der feinstofflichen und der grobstofflichen Ebene liegt darin, dass man sich auf der grobstofflichen Ebene sehr wohl mit schönen und prunkvollen Kleidern schmücken kann, während auf der feinstofflichen Ebene jeder die Kleider besitzt, die er verdient, die seinem Denken, Handeln und Fühlen, seinem wahren Charakter entsprechen. Nirgendwo sonst ist diese Erkenntnis so wichtig wie in einer Partnerschaft.

Vielfach wird die Trennlinie zwischen wahrer Liebe und Beziehungen, die sich auf der rein äußerlichen und sexuellen Ebene abspielen und deren Basis nicht über die Oberflächlichkeit körperlicher Attraktivität, des Aussehens, des sozialen Status und gesellschaftlicher Anerkennung hinausgeht, nicht erkannt. Oft wird der Fehler begangen, Liebe mit Sexualität zu verwechseln.

Auf der feinstofflichen Ebene gilt, dass nicht Kleider Leute machen und somit Aussehen und Ansehen bestimmen, sondern die Gedanken und die Gefühle die menschlichen Qualitäten darstellen.

Schlechte Gedanken und negative Gefühle sorgen für ein so unansehnliches feinstoffliches Aussehen, dass man sehr bald vereinsamt. Viele egozentrische Menschen leiden unter ihrer Aura, andere wiederum können aus der faszinierenden Ausstrahlung, die von ihnen ausgeht, Profit schlagen, wie beispielsweise Redner, denen es gelingt, Gefühle und Gedanken so zu verbreiten, dass sie das Publikum in ihren Bann ziehen. Leider ist es auch möglich, das Negative im Menschen anzusprechen und eine negative Begeisterung zu entfachen. Dies gilt jedoch nur als Information, um sich gegebenenfalls bewusst dagegen aufzulehnen.

Das Wesen der Liebe erkennen

Das Wesen der Liebe zu erkennen bedeutet, festzustellen, dass man feinstofflich gesehen kein Bettler ist, sondern auf einer Schatztruhe, einem ungehobenen Schatz sitzt. Diesen Schatz können wir heben, er wurde für uns bereitgestellt und niemand kann ihn entwenden. Wir müssen nur lernen, ihn richtig einzusetzen. Jeder Mensch hat alle seine Fähigkeiten immer nur mit viel Ausdauer, Geduld und jahrelangem Üben entwickelt.

Wir haben gelernt, in die verschiedenen Bereiche in unserem Leben, sei es in Sport, in Kultur oder in unseren Beruf, etwas zu investieren, um einen Erfolg erringen zu können. Jeder, der in irgendeiner Tätigkeit, sei es nun im Stricken, Klavier- oder Tennisspielen, Skifahren, Fußball, Yoga oder Meditation etwas erreichen will, braucht Beständigkeit.

Notwendige Voraussetzungen für den Erfolg sind also Ausdauer, Begeisterung, Motivation und nicht zuletzt eine klare Vorstellung vom Ziel. Dies gilt ganz besonders dann, wenn man eine Karriere als Sportler oder als Künstler anstrebt oder sonst im Beruf etwas Überdurchschnittliches leisten will. Und genau diese Freude an der Sache an sich ist die Basis für die Liebe, für die Liebe zum Sport, zum Hobby, zu den vielen Dingen im Leben, für die wir bereit sind, viel zu investieren. Ähnlich, aber auf einer etwas höheren Ebene, verhält es sich mit der Liebe zu einem Menschen, denn auch hier kann man die Liebesfähigkeit, abhängig von der eigenen Einsatzbereitschaft, hin zu einer tief greifenden Zuneigung steigern.

Liebe ist die Energie, die Schwingung, die alles, was sie erfasst, transformiert und in einem völlig neuen Licht erscheinen lässt. Wer diese transformatorische Kraft für sich arbeiten, in sich wirken lässt, lernt die Welt, die Beziehung zu sich und den anderen Menschen aus einem neuen Blickwinkel kennen.

Liebe ist die Kraft, die dich mit deinem göttlichen Selbst und mit allen Menschen vereint und dir das Tor zu deinem göttlichen Selbst öffnet.

Was bedeutet wahre Liebe und was vermag diese Energie?

- Wahre Liebe bedeutet, dem »Du« so zu begegnen, wie das »Ich« gerne hätte, dass man ihm begegnet.

- Wahre Liebe ist die Kraft, die Gegensätze überwindet.

- Wahre Liebe ist eine Kraft, die die Grenzen von Raum und Zeit überwindet; wahre Liebe ist ewig und grenzenlos.

- Wahre Liebe ist, wenn ein Herz direkt zu dem des anderen spricht.

- Wahre Liebe verbindet zwei Seelen über mehrere Inkarnationen.

- Wahre Liebe bedeutet, das wahre Selbst zu erkennen.

- Wahre Liebe bedeutet, einen direkten Draht zum Göttlichen zu besitzen.

- Wahre Liebe sprengt alle Ketten, die die Menschen ihren Seelen anlegen.

- Wahre Liebe bedeutet die Befreiung der Seele.

Den Partner lieben bedeutet,

- sich in seine Lage versetzen zu können.
- die Welt mit seinen Augen, seinen Gefühlen, seinen Gedanken und seinen Erfahrungen betrachten zu können.
- versuchen, zu verstehen, was seine spirituelle Lebensaufgabe ist, und ihn dabei zu unterstützen.
- den Seelenkontakt auf der Seelenebene zu ihm zu suchen.
- seine Probleme so zu betrachten, als ob sie die eigenen wären.
- seine Wünsche und seine Bedürfnisse von seiner Warte aus zu betrachten.

So ist es wichtig zu lernen, wie man seinem Partner »Liebe schickt«, das heißt, wie man diese Liebesenergie, diese feinstoffliche Kraft, in seinen feinstofflichen Körper überträgt und einen Austausch initiiert. Wer beispielsweise jemanden liebevoll umsorgt, dessen feinstoffliche Energien treten mit denen der liebevoll umsorgten Person in Resonanz und bewirken damit, dass die Schwingung sich dadurch verstärkt.

Wer diese Aspekte der Liebe zu verwirklichen sucht, erreicht nicht nur, dass die Energie der Liebe in seinem Körper freier und intensiver fließt, sondern erweitert sein Bewusstsein um wichtige Dimensionen des wahren Menschseins.

Beim Zugang zur Liebesenergie muss man sowohl die passive als auch die aktive Komponente berücksichtigen. Man kann nämlich einerseits passiv die Liebesenergie in seinen Energiekreislauf einspeisen und verstärkt zum Zirkulieren bringen und andererseits diese Liebesenergie aktiv verändernd und gestaltend einsetzen. Vielfach gibt es »esoterische Lehrmeister«, die ihre Schützlinge speziell durch Meditation darauf vorbereiten, diese Liebesenergie passiv in sich aufzusaugen. Das Aufnehmen von Liebesenergie in unseren Energiekreislauf ist wünschenswert und sollte angestrebt werden. Darüber hinaus darf man aber nicht vergessen, dass es nicht das letzte Ziel unseres Menschseins auf dieser Erde sein kann, ein wandelnder Speicher für Liebesenergie zu sein, sondern es ist vielmehr unsere Aufgabe, mit diesen Energien sinnvolle Ziele anzustreben.

Viele Menschen erkennen oft gar nicht, wie viele Möglichkeiten ein Leben voll Liebe bietet, vergeblich warten sie, bis das große Ereignis einfach vom Himmel fällt. »Eines Tages werde auch ich die große Liebe finden« – lautet die Einstellung, die den Wartenden in seiner Passivität bestätigt. Mit der Zeit schleichen sich dann aber die ersten Zweifel ein, ob es so etwas wie Liebe überhaupt gäbe. Werden die Hoffnungen und Sehnsüchte nicht erfüllt, wird versucht, die Enttäuschung mit der Hinwendung zu materiellen Dingen zu kompensieren.

Man beginnt, Besitz anzuhäufen und Prestige im täglichen Machtkampf zu erringen. »Anerkennung um jeden Preis« lautet die Devise, die einstmals idealistischen Vorstellungen müssen neuen, ehrgeizigen Inhalten weichen: schnelle Autos, ein Eigenheim, eine Zweitwohnung, ein Wochenendhaus, die Karriereleiter nach oben klettern. Die dadurch entstehende Hast und Unruhe überdecken die Leere, die das Fehlen des Wesentlichen im Leben hinterlässt: die Erfahrung der Liebe, eine durch nichts zu ersetzende, unendliche Bereicherung.

Metaphysische Fragen wie: »Was bedeutet die Liebe für mich und mein Leben?«; »Was passiert, wenn ich meine sterbliche Hülle, meinen Körper verlasse?«, werden nicht gestellt. Gibt es

Gott? Gibt es ein Weiterleben nach dem Tod? Hat der Mensch eine Seele? Ist diese Seele unsterblich? Alle diese Fragen unterliegen dem Verdrängungsmechanismus.

Aber ohne Liebe kann sich die Seele nicht entfalten. Liebe ist die Energie, die die Seelenkräfte zum Fließen bringt, die unseren Energiekörper harmonisiert, die helfen kann, die göttlichen Eigenschaften des Menschen offen zu legen.

Jeder Mensch sehnt sich nach Liebe. Dieses Sehnen darf aber nicht ein Habenwollen, ein Besitzenwollen sein, sondern muss das Selbstliebenwollen beinhalten. Der Liebe muss man sich öffnen, ihr Raum geben, man muss wollen, dass sie die bestimmende Kraft im Leben und in der Beziehung zum Partner wird.

Die Arten der Liebe

Es gibt viele verschiedene Arten von Liebe. Meist richtet sie sich auf Personen, man liebt die Mutter, den Vater, die Geschwister, Freunde und natürlich den Partner, aber auch die Liebe zu Tieren, zur Natur, zum Hobby oder zur Arbeit kann erfüllend sein.

Der Grund, warum wir jemanden oder etwas lieben, kann durch Abhängigkeit oder Besitzdenken – dieser Faktor spielt dabei sehr häufig eine Rolle –, aber auch durch Streben nach Anerkennung, durch Neugier, gesellschaftliche Einflüsse oder Gewohnheit motiviert sein.

Auf dem Weg zur höchsten, zur erfüllenden Form der Liebe, der bedingungslosen Liebe, durchlaufen wir verschiedene Abstufungen, die allerdings nur Schritte zum Ziel sind und einer Weiterentwicklung bedürfen.

Der Grundstein zur Liebesfähigkeit wird bereits in der frühesten Kindheit gelegt, denn die anfängliche Beziehung zur Welt ist die Grundlage für ein stabiles Selbstvertrauen (Urvertrauen). Das entstehende Selbstgefühl kann allerdings in seiner Entwicklung gehemmt werden, wenn die Versuche des Kindes, die Welt auf sich aufmerksam zu machen, ohne Resonanz bleiben.

Eine Art der Liebe ist die **unbestimmte selbstlose** Liebe. Ein Mensch, der das Gedankenbild der selbstlosen Liebe ausstrahlt, lebt glücklich und zufrieden mit sich und der Welt und denkt in voller Harmonie und Ausgeglichenheit an seine Mitmenschen und an seinen Partner. Die Nähe zu diesem ist Ausdruck einer selbstlosen Freude. Diese Form der Liebe lässt erkennen, dass keine Wünsche, kein Wollen den Seelenfrieden stören. Sie ist jedoch auch kraftlos und nicht geeignet, irgendwelche Resultate hervorzubringen. Ihrem Wesen nach ist sie passiv, aber sie signalisiert der Umgebung auch, dass von ihr keine Störung, kein Sicheinmischen, kein Wichtigmachen ausgeht.

Eine andere Art der Liebe ist die **unbestimmte selbstsüchtige Liebe**. Durch ihr Zweckorientiertsein kann diese Form von Liebe als Spiegelbild der ökonomischen Beziehungen zwischen den Menschen bezeichnet werden. In Partnerschaften werden materielle Werte hochgehalten, das Zusammensein degeneriert zum Ausdruck kommerzialisierter Verhaltensweisen: Eine Wiedergutmachung von Fehlern wird durch Geschenke erkauft, gegenseitiger Respekt und Anerkennung werden in Form von Geschenken zur Schau gestellt. Die selbstsüchtige Liebe ist oft in Kreisen verankert, in denen der Sinn des Lebens sehr stark durch gesellschaftliches »Weiterkommen« und »Angepasstsein« bestimmt wird. Besser ist, wer mehr verdient, ein größeres Auto fährt, Menschen kennt, die im Wohlstand leben, die eine bestimmte gesellschaftlich anerkannte Position erreicht haben, die Macht besitzen und Macht ausüben können. Solch »erfolgreiche« Personen sind begehrenswert, da sie sich mit den entsprechenden Statussymbolen umgeben und sich stets im passenden Ambiente bewegen. In der Marketingsprache würde das heißen, der gesamte Lebensstil ist vollständig durchgestylt. Marketingexperten haben viele dieser Beziehungen erkannt und bieten ihre Produkte dementsprechend an, wobei die Produkte auf den ganzen Lebensstil abgestimmt sind. Vom Auto über die Bekleidung bis hin zur Freizeitgestaltung ist alles perfekt aufeinander angepasst.

Die Liebe spielt sich dann gleichfalls auf diesen Ebenen ab. Der Eroberungsaspekt tritt in den Vordergrund. Es geht um Wettbewerb und Konkurrenz. Jemanden dem anderen »ausspannen« wird zum Erfolgs- und Anerkennungsfaktor, wird Voraussetzung für die eigene Selbstachtung. Diese Beziehungsebene ist sehr charakteristisch für eine bestimmte geistige Entwicklungsstufe, auf der die seelische Komponente meist noch sehr wenig entwickelt ist. Oft bewirkt erst ein einschneidendes Erlebnis, das einen Wendepunkt im Leben darstellt, einen geistigen Fortschritt, sei es durch den Verlust einer Position, in der man Anerkennung genossen hat, oder Ähnliches. Für viele ist dies eine Chance umzudenken, auch wenn es einige Zeit dauert, bis dieser Lebensabschnitt als Möglichkeit zur Weiterentwicklung erkannt wird.

Es sollte einem bewusst werden, dass man der wahren Liebe noch nicht begegnen konnte, weil man ihre Entfaltung in sich nicht zugelassen hat. Man muss die innere Bereitschaft zur Entwicklung der Liebe in sich selbst stärken.

Die **abhängige Liebe** ist eine Art der Liebe, die oft bei den Menschen vorzufinden ist, die sich selbst nicht genug lieben. Aus dem Mangel an Liebesfähigkeit zum eigenen Selbst resultiert ein fehlendes Selbstbewusstsein, welches durch übertriebenes

An-sich-Binden des Partners zu kompensieren versucht wird. Weil man sich selbst nicht das geben kann, was man am meisten braucht, Liebe nämlich, wird man vom Partner abhängig und will ihn besitzen. Die Angst, ihn zu verlieren, nimmt in Eifersuchtsszenen ihre Gestalt an. Durch Eifersucht wird sich der Partner jedoch schon bald eingeengt fühlen, er wird versuchen, diesem Käfig zu entfliehen. Denn die Voraussetzung für wahre Liebe ist, dem Partner Freiräume zuzugestehen, ihn nicht unter Druck zu setzen. Wenn du bereit bist, dich selbst anzunehmen und zu lieben, wird deine Beziehung zum Partner freier und dadurch auch glücklicher.

Die **erotische Liebe**, die rein sexuelle Beziehung, ist ein Bereich, der von vielen Menschen überbewertet wird und auch Abhängigkeiten schafft. Aber Liebe ist mehr, viel mehr; Liebe ist Energie, in der sich die ganze Schöpfung entfaltet. Wenn wir uns der Energie der Liebe öffnen, wenn wir versuchen, diese Liebesenergie in der Natur wahrzunehmen, so werden wir sie entdecken und spüren, dass wir keineswegs einsam sind, dass es Einsamkeit, ein Getrenntsein von der Energie der Liebe, gar nicht gibt. Nur wir selbst können dieser Liebesenergie, die uns umgibt, den Eintritt in unser Energiesystem erlauben oder auch verweigern. Niemand wird gezwungen, sich der Liebe zu öffnen, nur der, der sie nutzen will, dem steht sie grenzenlos zur Verfügung.

Der sexuelle Aspekt der Liebe repräsentiert nur eine schmale Bandbreite der Liebe. Heißt dies nun, dass die sexuelle Liebe nur einen kleinen, unwichtigen Bereich der Liebe umfasst? Nein, keineswegs, denn die sexuelle Liebe hat eine sehr wichtige Funktion für die Entwicklung einer Partnerschaft. Die sexuelle Vereinigung kann von den Partnern sehr intensiv erlebt werden, vorausgesetzt, beide lassen es zu, dass die feinstofflichen Energien wirklich frei fließen. Wenn es keine Hemmungen, keine Ängste, keine Einschränkungen, sondern nur vollkommene Hingabe gibt, findet diese energetische Verschmelzung auch auf der feinstofflichen Ebene statt.

Die **bedingungslose, reife Liebe** ist die Freude, die wir in Gedanken an oder in der Gegenwart des geliebten Menschen empfinden, die Freude, in seiner Nähe sein zu können, sich an ihm zu erfreuen oder mit ihm in einem gemeinsamen Tun Erfüllung zu finden.

Einen Menschen wirklich zu lieben heißt, sich selbst zu geben, für den anderen zu denken und zu fühlen und für ihn das Beste zu wollen und zu wünschen, ohne darauf zu achten, ob ich etwas zurückbekomme.

Liebe will geben und erfüllt sich im Geben. Die Angst, nicht genug geliebt zu werden, das panische Besitzdenken ist ihr fremd. Lieben heißt, mit Freude zum Wohl des anderen und zu seiner persönlichen Entfaltung beizutragen und ganz für ihn da zu sein.

3. Die Liebesfähigkeit entfalten

Ich frage mich: Was bedeutet die Hölle?
Ich behaupte: die Unfähigkeit zu lieben.
Fjodor M. Dostojewskij

Die Entfaltung der Liebesfähigkeit umfasst verschiedene Ebenen, die in der Regel noch durch Blockaden gekennzeichnet sind – Blockaden, die gelöst werden müssen. Denn wir dürfen nicht vergessen, unser Energiekörper hat alle Emotionen und Gedanken, die vom Bewusstsein »vergessen« wurden, noch immer gespeichert und sie beeinflussen daher unseren energetischen Haushalt.

Regelmäßige positive Affirmationen können bei der Beseitigung alter Gedankenstrukturen unterstützend wirken und dauerhafte, wünschenswerte Veränderungen in dein Leben bringen. Denn der Mensch ist die Summe all seiner Erfahrungen, Gedanken und Gefühle, die einen lang anhaltenden Einfluss auf uns ausüben, selbst wenn man sie nicht mehr denkt und fühlt und sich nicht mehr an sie erinnert.

So kann sich das Bewusstsein sehr rasch verändern, das Unterbewusstsein aber bleibt in alten, negativen Gewohnheiten verhaftet. Viele der Schwierigkeiten, die uns belasten, werden vom negativen Gedankenpotenzial ausgelöst, wobei es keine Rolle spielt, ob diese destruktiven Gedanken von uns selbst oder von anderen ausgehen. Sobald wir fremde Gedanken in unser Energiesystem eindringen lassen, entfalten sie dort ihre Wirkung, genauso wie eigene Gedanken dies tun würden. Durch gezielte Übungen, wie die Chakren-Reinigung, kann man den eigenen Energiekörper jedoch regelmäßig von fremden Gedanken und Gefühlen befreien.

Aggressivität, Unehrlichkeit, das Streuen von Streit und Zwietracht erschweren den Zugang zu den positiven Schwingungen der Liebe, der Harmonie und des inneren Friedens, da wir nur mit Schwingungen in Resonanz gehen können, die wir in uns selbst erzeugen können. Jeder nimmt die Welt so wahr, wie es seinem eigenen inneren Wesen entspricht.

Wer immer nur bestrebt ist, geliebt zu werden, ohne selbst zu lieben, wer immer nur bestrebt ist, etwas zu bekommen, ohne selbst etwas zu geben, wird ungeliebt bleiben und er wird nur selten etwas geschenkt bekommen. Das ist das Gesetz der Anziehung. Ebenso verhält es sich auch mit der Wahrhaftigkeit.

Wer nicht klar und deutlich zu erkennen gibt, wofür er bereit ist einzustehen, welche Werte ihm wichtig sind, der wird auf Partner stoßen, die ebenfalls diese Eigenschaften haben. Gleiches zieht sich an.

Das Gesetz von Ursache und Wirkung besagt, dass alles, was wir aussenden, auch reflektiert wird. So wie die Fußspuren im Wüstensand die Richtung erkennen lassen, in die jemand gegangen ist, so hinterlassen auch unsere Gedanken Spuren auf der geistigen Ebene, die unser Tun und Handeln nachvollziehbar machen.

Sich selbst lieben lernen

Sich selbst lieben lernen bedeutet, das Herz dir selbst gegenüber für deine Wünsche und Bedürfnisse zu öffnen. Um auf dem Weg zur Liebe und insbesondere zur Selbstliebe erfolgreich sein zu können, muss zunächst herausgefunden werden, worin die Gründe für Disharmonien mit dir selbst und dir nahe stehenden Personen wurzeln. Das Hauptaugenmerk sollte dabei auf schon zur Gewohnheit gewordene negative Gedankengänge gerichtet und durch positive ersetzt werden, was allerdings eine gewisse Konzentration erfordert. Dein Geist ist einer ständigen Gedankenflut ausgesetzt, die du unter Kontrolle bekommen musst.

Setz dich also auf einen ruhigen Platz, an dem du dich entspannen kannst, atme tief ein und aus, bis du spürst, wie sich ein Gefühl des Wohlbefindens in deinem Körper ausbreitet. Sag dann zu dir selbst: »Ich darf mich lieben und ich liebe mich.« Bald schon wirst du merken, dass du mit dieser einfachen Methode eine enorme Wirkung erzielen kannst, vor allem, wenn du dich in der Vergangenheit diesbezüglich eingeschränkt hast.

Für viele Menschen klingt die Frage »Liebst du mich?« vertraut und damit akzeptabel. Das Gefühl, sich selbst lieben zu dürfen, ist hingegen keineswegs selbstverständlich in unserer Zeit. Überlege dir nun, was es für dich bedeutet, dich selbst zu lieben, und mache dir Gedanken darüber, was geschehen muss, damit du dich von dir selbst geliebt fühlst.

Wir alle wissen, was es heißt, zu uns selbst hart zu sein, nicht auf die Wünsche unseres Körpers einzugehen, uns nicht nach den Wünschen unserer Seele zu orientieren. Damit haben wir den Großteil der Sensibilität uns gegenüber aufgegeben. Wir haben gelernt, Kompromisse einzugehen, um, wie wir glauben, bei unseren Mitmenschen besser anzukommen, von diesem und jenem eher akzeptiert zu werden. Aber sehr oft geben wir ein Stück unserer Persönlichkeit auf, wenn wir uns aus einer Position der Schwäche heraus auf Kompromisse einlassen. Kompromissbereitschaft ist notwendig und sinnvoll, aber sie darf in kein Rückzugsgefecht ausarten, bei dem wir nur mehr daran denken, unsere Haut zu retten. Ehrlichkeit, Geradlinigkeit und die Liebe dürfen dabei nicht auf der Strecke bleiben. Bei jedem Kompromiss sollte man sich daher vergewissern, ob man sich dann noch selbst lieben kann. Was ist ein Kompromiss wirklich wert, wenn ich dafür meine Selbstachtung, meine Liebe zu mir selbst opfere? Wer soll uns achten, wer soll uns lieben, wenn wir uns selbst nicht achten, uns selbst nicht lieben? Ist es sinnvoll, von anderen etwas zu erwarten, was wir selbst uns zu geben nicht bereit sind?

Viele Menschen sind ihr ganzes Leben damit beschäftigt, materielle Güter anzuhäufen, mit Leuten aus der so genannten »besseren« Gesellschaft bekannt zu sein oder zu werden, und sie zahlen dabei einen unverhältnismäßig hohen Preis für das Erreichen dieser Ziele, sie verlieren die Selbstachtung, sie haben das Gefühl, sich selbst nicht mehr lieben zu können.

Die Selbstachtung, die du dir selbst nicht mehr zu geben bereit bist, erwartest du dir dann von den anderen. Die anderen sind aber meist nur bereit, dich zu achten, wenn du dich ihren Wünschen und Vorstellungen anpasst. Symbole beginnen Inhalte zu ersetzen und werden statt der Inhalte hochgehalten.

Liebe und Selbstfindung

Liebe und Selbstfindung sind eng miteinander verbunden. Wer sich selbst nicht liebt, der hat auch kaum ein Interesse, sich selbst zu finden. Warum sollte man etwas suchen, von dem man nicht das Gefühl hat, dass es etwas Besonderes, etwas Wertvolles, etwas Liebenswertes, etwas Verehrungswürdiges sei?

Bei den alltäglichen Dingen des Lebens erkennen wir wohl, dass jemand eine gewisse Fähigkeit erworben haben muss, bevor er etwas weitergeben kann. So verhält es sich auch mit der Liebe und der Selbstfindung. Wer in diesen Bereichen noch keine Einsichten gewinnen konnte oder sich noch gar keine Gedanken darüber gemacht hat, von dem wird man wohl kaum etwas lernen können. Es ist schwer, jemandem beizubringen, sich selbst zu lieben, wenn man diese Entwicklungsstufe selbst noch nicht erreicht hat.

Wer sich für sein wahres Selbst zu interessieren beginnt, wer in sich den Wunsch aufkeimen spürt, sich selbst erkennen zu wollen, hat bereits einen wichtigen Schritt in Richtung Weisheit und Selbsterkenntnis getan. Selbstergründung eröffnet einem die Möglichkeit, mehr über sich und sein Wesen zu erfahren. Der Sinn des Lebens, der Liebe und Partnerschaft liegt im Verborgenen, jedoch steht es uns allen offen, ihn zu erspüren. Wer bereit ist, seinem innersten Wesen zu lauschen, dem wird diese Erfahrung nicht verwehrt bleiben. Wer den ersten Schritt zu sich selbst tut, wer die Fragen »Woher komme ich? Wohin gehe ich? Was kann ich hier lernen?«, nicht ängstlich beiseite schiebt, sondern einfach forschend und neugierig zu suchen beginnt, der wird sehr viel mehr finden, als er sich erwartet. Kann jemand, der sich selbst nicht kennt, den anderen kennen lernen?

Mit deiner positiven Vorstellungskraft kannst du dazu beitragen, dass der Prozess der Persönlichkeitsentfaltung durch Liebe und Selbstfindung rascher vor sich geht. Du musst dir dabei vor Augen führen, dass du diese Ziele bereits erreicht hast. Dein Unterbewusstsein übernimmt diese Vorstellungen und unterstützt dich dabei, sie zu verwirklichen.

Dein Gewissen, deine Intuition, befindet sich in deinem Herzen. Wenn du dich auf dein Herz oder, genauer gesagt, dein Herz-Chakra konzentrierst und einige Minuten in ganz entspannter Haltung diese Atmosphäre auf dich wirken lässt, spürst du mit großer Wahrscheinlichkeit bereits bei den ersten Versuchen, dass dein Energiekörper darauf reagiert.

Diese Übung, die du am besten ein- bis zweimal täglich praktizieren solltest, ermöglicht es dir, den Kontakt zu deiner Intuition, zu deinem Gewissen, zu deinem wahren Selbst zu verbessern. Beginne auch, nach innen zu hören und zu fühlen, und lasse dich von deinen Gedanken und Vorstellungen führen. Auf diese Weise wirst du schon bald einen zuverlässigen Ratgeber, nämlich dein wahres Selbst, gefunden haben. Dieser Ratgeber wird nach einiger Zeit, wenn die Kooperation schon besser zu funktionieren beginnt, zu deinem weisen Partner und schließlich zu deinem Freund werden, der bereit ist, dir bei allen Schwierigkeiten, aber auch bei allen anderen wichtigen Entscheidungen in deinem Leben beizustehen. Und schließlich wirst du dann immer mehr zu der Überzeugung gelangen, dass dieser innere Wegweiser nichts anderes ist als du selbst, dein eigenes Wesen.

Wer sich also selbst erkennt und entdeckt, was alles wirklich in ihm steckt, ist bereits auf dem Weg zur Wandlung seiner Persönlichkeit, die von niemandem außer ihm selbst initiiert und vollzogen werden kann. Sehr oft begegnen wir im Leben so genannten negativen Lehrmeistern, deren Beispiel man nicht folgen will. Durch die Fehler der anderen lernt man oft sehr viel dazu, jedoch gestaltet sich dieser Weg sehr mühsam und führt bestenfalls über viele Umwege zum Ziel. Manchmal führen auch schwere Schicksalsschläge und tief greifende Erlebnisse, die einen unvermutet vor den Abgrund des Lebens stellen, ganz plötzlich zu einer solchen Wandlung.

Liebe und Sexualität

Für die Liebe und die Sexualität gelten ähnliche Überlegungen wie für die Liebe und die Selbstfindung: Du solltest versuchen, deine eigene Sexualität zu finden und zu definieren.

Eine Stimulation der Sexualorgane entfacht Sexualität. Diese wiederum aktiviert das zweite Chakra, das Sexual-Chakra, zu besonders intensiver Tätigkeit. Die sexuelle Energie ist reine Lebenskraft, die, ist sie einmal angeregt, verändern, transformieren und vereinigen will. Für manche Paare ist der sexuelle Akt eine Abreaktion der »überschüssigen« Sexualenergie, der sie auch von ihren belastenden Gedanken befreit. Verständlicherweise entsteht dann auch ein ständiger Drang nach solch kurzen, befreienden Momenten höchsten sexuellen Glücks. Aber Sexualität ist mehr und ihre Wirkung ist wesentlich vielfältiger. Sexualität ist die Fähigkeit zu geben und zu nehmen. Sexualität ist Hingabe und Verschmelzung.

Bevor du mit einem Partner eine sexuelle Beziehung eingehst, solltest du dich daher auch immer fragen, ob du mit diesem

Menschen wirklich einen feinstofflichen, energetischen Austausch willst, denn dadurch werden die grob- und feinstofflichen Ebenen und die Seele berührt. Unbewusst übernimmst du sogar psychische Probleme, was dazu führen kann, dass du dich nach dem Geschlechtsverkehr deprimiert und ausgelaugt fühlst und dich neuen Problemen gegenübersiehst.

Paare, die sich innig und hingebungsvoll umarmen und küssen, bewirken ein völliges Durchdringen der feinstofflichen Energiefelder bis zur vollständigen Verschmelzung. Mithilfe der Kirlian-Fotografie konnte dies durch wiederholte Experimente nachgewiesen werden. Diese gegenseitige energetische Verschmelzung hat, wenn sie ganz von Liebe und Hingabe geprägt ist, auch eine heilende Wirkung auf den Organismus der beiden Liebenden.

Sexualität kann eine Bindung sehr festigen und helfen, seelische Wunden zu heilen, aber leider ist sie auch dazu imstande, Verwirrung und Verzweiflung hervorzurufen. Achtsamkeit und vorheriges empathisches Einfühlen in den anderen sollte bereits im Voraus Klarheit darüber schaffen, ob es sich lohnt, eine sexuelle Beziehung einzugehen. Einige harmonische Liebesnächte, in denen du deinen Partner mit viel Einfühlungsvermögen und Phantasie verwöhnst, können dem Leben eine vollkommen neue Wende geben.

In der Sexualität erklärt sich Selbstliebe aus der Annäherung und schließlich Vereinigung der scheinbaren Paradoxe, zu besitzen und zu nehmen und sich auch ganz aufgeben zu können.

Hingabe schließt aber in keinem Falle aus, dass man auch an sich selbst denkt, sie begründet sich vielmehr in der Fähigkeit, sich selbst zu verlieren, von allen verstandesgemäßen Zwängen frei zu werden und sich ganz zu finden in den eigenen Empfindungen seines wahren Selbst. Gelingt es, das Liebesleben so zu gestalten, dass eine Art Rollentausch entsteht, d.h. die Partner wechseln sich als »Geber« und »Nehmer« ab, kann das ganze Spektrum der Sexualenergien positiv genutzt werden. Verwöhnen des Partners, also Geben, steht gleichberechtigt neben dem Verwöhnenlassen, symbolisch dem Nehmen.

Um die Sexualenergie für deine spirituelle Entwicklung zu nutzen, musst du zum Zeitpunkt der Ekstase oder kurz vorher die frei werdenden Energien nach oben in das Herz-Chakra und dann weiter in die oberen Chakren lenken.

Aus spiritueller Sicht ist Sexualität keineswegs etwas Schlechtes, wenn du die richtigen Ziele dabei verfolgst. Viele Menschen, insbesondere solche, die sich durch ihren Glauben an die weltliche Institution Kirche gebunden fühlen, tragen oft Schuldgefühle mit sich, die durch die sexualfeindliche Tradition dieser Institution bedingt sind. Für Sexualität, die von Liebe getragen ist und mit Liebe praktiziert wird, gibt es keine Schranken.

Es war noch nie so wichtig wie in der heutigen Zeit, wachsam durch das Leben zu gehen. Durch die Suggestionen der Medien, der kommerzialisierten Welt, läuft man Gefahr, entfremdet und beeinflusst zu werden. Sexueller Leistungsdruck wird unterschwellig oder auch ganz offen suggeriert. Größer, länger, schöner, lauter und ausdauernder heißen die Parolen. Sexualität gilt als Statussymbol. Immer neue Reize sind erforderlich, um den nimmersatten Trieb einer entseelten Sexualität zu befriedigen. Männer und Frauen werden zu Jägern und Gejagten auf der Jagd nach kribbelnder Erotik.

Das Unterbewusstsein ist diesbezüglich natürlich schon durch zahlreiche Fremdprogrammierungen beeinflusst worden. Selbstfindung auf der sexuellen Ebene deines Seins bedeutet auch, dass du dich von diesen falschen Vorstellungen, die dich manipulativ einengen und dein Verhalten steuern wollen, trennst. Ein notwendiger Schritt hierfür ist, wie für jede geistige Entfaltung, dass du dich selbst beobachtest und herausfindest, was du mit bestimmten Worten und Vorstellungen assoziierst. Assoziative Gedanken könnten dein Verhalten in der Weise prägen, als dass du deinem Partner durch Sexualität einen Gefallen tun willst, damit er dir nicht untreu wird und dich nicht verlässt.

Die meisten Menschen besitzen unbewusst noch Ängste, wenn sie mit dem Thema Sexualität konfrontiert werden, was sich vor allem in Sprachlosigkeit ausdrückt. Aber auch die gegenteilige Reaktion kann nun immer öfter beobachtet werden, nämlich ein überkompensierter Sprachzwang. Hierbei wird das Reden zur Maxime der Problemlösung hochstilisiert. Allerdings sollte man hinzufügen, dass eine verbale Auseinandersetzung mit Problemen durchaus zu deren Bewältigung beitragen kann, jedoch nur, wenn es auf eine einfühlsame, verständnisvolle Art geschieht. Reden wie auch Zuhören müssen diese Voraussetzung erfüllen und stets den Charakter der liebevollen Artikulation oder Rezeption in sich tragen. Auch hier gilt der Grundsatz: Das Bewusstmachen von Ängsten bedeutet, sie aus dem Unterbewusstsein zu beseitigen. So können angsterzeugende Vorstellungen durch welche, die wirklich vom Herzen kommen, ersetzt werden. Die dazu notwendigen Techniken werden in den Kapiteln über Visualisieren und Imagination ausführlicher beschrieben.

4. Die verschiedenen Ebenen der Liebe

Liebe ward von Gott der Welt verliehen,
um zu Gott die Seele zu erziehen.
Friedrich Rückert

Jeder Mensch hat die Hoffnung auf eine ideale Liebesbeziehung, auf das höchste irdische Glück. Wie ist das Auseinanderklaffen zwischen Traum und Wirklichkeit zu erklären? Nun, alle Entwürfe über Sinn und Zweck unseres Lebens kommen entweder von uns selbst oder sie sind von anderen übernommen. Darüber hinaus gibt es noch die Konfliktebene, die jeder Mensch in sich trägt und die Goethe mit den Worten: »Zwei Seelen wohnen, ach, in meiner Brust«, vortrefflich zu formulieren verstand. Gemeint ist hier der Zwiespalt, der für unser Ego charakteristisch ist: der Zwiespalt zwischen Verstand und Herz.

Viele Partnerschaften basieren auf dem Prinzip der gegenseitigen Duldung und werden durch den Druck der öffentlichen Meinung oder der Erwartungshaltung der Verwandten und Bekannten zusammengehalten, manche verbindet auch die Bequemlichkeit.

Trotzdem stand bei fast allen am Anfang der Wunsch nach einer Vereinigung, die Glück und Zufriedenheit bescheren sollte. Es zeigt sich hier deutlich, dass der Wunsch nach Einheit, nach Vereinigung von Gegensätzen durch die Kraft der Liebe ein Wunsch der Seele ist. Der Mensch kann, wenn er sich dieser Kraft der Liebe öffnet, sie in sich einströmen lassen. Er kann ein Gefäß für die Energie der Liebe werden und so seine seelische Erfüllung erreichen. Aber die gegenwärtigen Probleme, denen wir im Alltag auf Schritt und Tritt begegnen, lassen uns erkennen, wo wir momentan stehen. Die Kluft zu überwinden, die sich zwischen der Wirklichkeit und dem Wunsch nach Einssein der Seele auftut, ist unsere eigentliche Lebensaufgabe. Dieses Bewusstsein zu schaffen, das uns ermöglicht, mit unserer Umwelt, mit unseren Mitmenschen, mit unserem Partner in Frieden, Harmonie und gegenseitiger Anerkennung zu leben, macht den Sinn unseres Lebens aus. Um diesen Zustand zu erreichen, müssen wir uns täglich unserer Reaktionen bewusst werden und sie kontrollieren.

So vermeiden wir Zwietracht, kritisieren nur aus unseren Gefühlen der Liebe heraus. Berechtigte Kritik sollte uns mit der Liebe erfüllen, von der sie auch getragen wird, sie sollte nur unter der Voraussetzung erfolgen, den Partner auch wirklich verstehen zu wollen. Dieses »Verstehen« aber übersteigt ein oberflächliches, verstandesmäßiges Hineindenken in den anderen, es sollte ein vollständiges Einfühlen angestrebt werden. Die Fähigkeit des empathischen Einfühlens in die Situation unseres Partners ist für unsere Bewusstseinsentfaltung von außerordentlicher Wichtigkeit. Denn nur, wenn wir unseren Partner, unseren Nächsten verstehen und lieben lernen, entwickeln wir die Fähigkeit des Liebens. Erst dann können wir uns dem Ziel widmen, auch die anderen Menschen, die Natur, die Schöpfung in ihrer Gesamtheit zu lieben, um uns mit ihr als Teil einer Einheit zu fühlen. Der Partner ist der, der uns am nächsten steht. Hier geht es tagtäglich um die Nächstenliebe. Jesus offenbarte uns das Geheimnis der Liebesfähigkeit mit den Worten: »Liebe deinen Nächsten wie dich selbst.« Voraussetzung ist, was man bei diesem Zitat nicht oft genug unterstreichen kann, dass man sich ebenso selbst liebt. Denn wie sollen wir unseren Nächsten lieben wie uns selbst, wenn wir uns selbst nicht lieben?

Um den Partner zu verstehen, ist es unumgänglich, ein gewisses Maß an Empathie zu entwickeln. Empathie ist die Fähigkeit, sich mit dem Gefühl, dem Verstand und der Seele des

Partners zu identifizieren und auf diese Weise zu lernen, ihn zu verstehen. Wenn dein Partner merkt, dass du dich ganz in seine Lage versetzen kannst, gewinnst du seine Sympathie und du wirst spüren, wie dir plötzlich Liebe entgegenströmt. Aber auch dein Bewusstsein wird sich dadurch erheblich erweitern, denn es ist ein faszinierendes Erlebnis, die Welt mit den Augen des Partners zu sehen. Hast du schon einmal versucht, dich mit den Augen des Partners zu sehen? Mit etwas Einfühlungsvermögen kannst du es ohne weiteres, du musst es nur einmal versuchen.

Die physische Ebene

Auf der physischen Ebene äußert sich die Liebe durch Zärtlichkeit, Blicke der Zuneigung, des Verstehens, der Harmonie und durch Sexualität. Vielfach wird eine Beziehung danach beurteilt, wie sehr die sexuelle Beziehung von beiden Partnern als befriedigend empfunden wird. Die sexuelle Beziehungsebene ist jedoch häufig von Ängstlichkeit, Sprachlosigkeit und Unbehagen geprägt.

Um eine gemeinsame Basis zu schaffen, sollte viel öfter darüber gesprochen werden, was gefallen hat, was noch gemacht werden könnte, welche Wünsche man selbst und welche der andere hat und welche Möglichkeiten es gibt, die sexuellen Bedürfnisse zu erkennen und sich darauf einzustellen. Es wäre ratsam, sich einmal ganz bewusst vor Augen zu führen, dass Mann und Frau Sexualität auf ganz verschiedene Weise wahrnehmen und erleben. Denn dann könnte das Defizit, das es in diesem Gebiet sicher noch auszugleichen gilt, erkannt und die Problematik hinterfragt werden.

Eine Verständigung beider Partner bildet dabei die notwendige Voraussetzung, um sich von falschen Vorurteilen zu befreien. Am Anfang sollte eine Selbstanalyse stehen, durch die herausgefunden werden kann, welche konkreten Vorstellungen du mit Sexualität verbindest. Möglicherweise kommen dir ganz triviale Dinge in den Sinn, von denen du dich eigentlich bereits befreit glaubtest. Versuche zu erforschen, welche Fremdsuggestionen du in dein Deuten über Sexualität integriert hast. Denn wer ein Übel erkennt, hat es schon fast beseitigt.

Die Astralebene

Die Astral-Sphäre ist die symbolische Heimat unserer Illusionen. Positive wie negative Vorstellungen prägen unser Leben, unser Lebensgefühl, unser Glück, unsere Zufriedenheit, es geht eine ungeheure Kraft von ihnen aus. Verwirrende und verworrene Beziehungen resultieren nicht selten aus der Tatsache, dass man sich vom jeweils anderen Geschlecht falsche Vorstellungen macht. Ein Mann, der glaubt, er müsse alles für seine Frau tun, müsse ihr alle wichtigen Entscheidungen abnehmen, nimmt ihr letztendlich den Freiraum. Er wird auch immer darauf achten, dass sie keine Männer kennen lernt. Kurzum, er hält sie in einem goldenen Käfig gefangen und versteht die Welt nicht mehr, wenn sie aus diesem Käfig ausbrechen und ein selbstständiger Mensch werden will. Die Absichten des Mannes sind hier als Fürsorge getarnt. Hinter dieser Maske verbirgt sich jedoch die nackte Angst vor dem Verlassenwerden. Aber erst das Gefühl des Eingesperrtseins veranlasst die Frau auszubrechen. Letztendlich wird sich aber die von vornherein falsche und negative Vorstellung des Mannes verwirklichen, früher oder später wird ihn seine Frau nämlich tatsächlich verlassen. Wenn dann das durch seine Grundeinstellung hervorgerufene Ergebnis sichtbar wird, glaubt er, dass fremde Schicksalsmächte sein Unglück verursacht hätten, da er selbst ja alles getan hat, um dies zu vermeiden.

Wer sich selbst gegenüber unehrlich ist und versucht, seine negativen Denkstrukturen zu verdrängen, der wird schon sehr bald Opfer dieses Verdrängungsmechanismus sein. Wer nämlich bei einem solchen »Schicksalsschlag«, den er sich unbewusst selbst zugefügt hat, den Kopf hängen lässt und auch weiterhin seine inneren Bilder auf andere projiziert, verstärkt diese, bis sie zur bitteren Realität geworden sind. Depressionen werden nicht ausbleiben, häufig treten sie in diesem Zustand sogar chronisch auf.

Beispiele dieser Art lassen sich sehr leicht in beliebiger Reihenfolge und aus den unterschiedlichsten Blickwinkeln fortsetzen. Sie alle fußen auf dem Gesetz des Aussendens und der Resonanz. Die Konsequenzen, die das Erzeugen innerer Bilder nach sich zieht, sind nur wenigen Menschen wirklich bewusst. Ungewünschte Folgen können jedoch vermieden werden, wenn man begriffen hat, dass man die Reaktionen, die durch die eigenen Vorstellungen ausgelöst werden, von vornherein programmiert hat. Nützen wir also diese Erkenntnis zu unseren Gunsten und ebnen wir uns dadurch den Weg zur Erfüllung unserer Wünsche!

Wir müssen uns immer darüber im Klaren sein, dass wir selbst treibende Kräfte sind. Wenn die Verwirklichung unserer Wünsche negative Auswirkungen auf andere Bereiche oder andere Menschen hat, so sind wir selbst dafür verantwortlich. Der Austausch negativer innerer Bilder durch positive ist von großer Bedeutung für unsere geistige Entwicklung.

Gehe einmal die Punkte durch, die dein Idealpartner deiner Meinung nach mitbringen müsste. Wie würde er oder sie aussehen? Was wären seine oder ihre hervorstechenden Geschlechtsmerkmale? Wie anziehend würde dieser Partner auf dich wirken? Wie attraktiv würden ihn deine Bekannten und Freunde finden, wie dein Chef, deine Eltern?

Welche Eigenschaften hast du von deinen Eltern geerbt und welche davon wirken sich auf dein Verhalten in der Partnerschaft aus? Hast du deinen Partner schon einmal danach gefragt, welche Verhaltensweise du seiner Ansicht nach von deinen Eltern übernommen hast? Gibt es diesbezüglich Kritik deines Partners? Wie reagierst du auf diese Kritik?

Beachte wachsam Tendenz und Niveau aller auf dem Gebiet der sexuellen Vorstellungen auf dich einwirkenden Einflüsse. Dies gilt ganz besonders für die von anderen Personen aus deiner näheren Umgebung stammenden Fremdsuggestionen wie auch für Autosuggestionen. Entlarve dabei alle getarnten negativen Tendenzen, ganz gleich, ob sie unter dem Deckmantel der Verantwortung oder Ähnlichem versuchen, dich in die Niederungen des Pessimismus, des Miesmachens, des Zynismus oder des Schwarzsehens hinunterzuziehen. Weise diese negativen Vorstellungen weit von dir. Wenn du sie dir ganz bewusst machst und sie bewusst bekämpfst, werden sie von Tag zu Tag schwächer, bis sie ganz verschwunden sind.

Jeder Mensch macht sich dauernd über die verschiedenen Dinge des Lebens sein Bild. Dies ist wörtlich aufzufassen. Jeder trägt eine Unzahl der verschiedensten selbst geschaffenen Bilder mit sich herum. Täglich gewinnen wir neue Einsichten, machen uns davon unser Bild und speichern es in unserer Bildergalerie. Wenn wir es im Augenblick nicht mehr brauchen und einige Zeit nicht mehr in unserem Bewusstsein präsent haben, wird es im Unterbewusstsein abgelegt und kann von dort unbewusst seine Wirkung entfalten. Viele dieser Bilder entwickeln erst zu dem Zeitpunkt ihr wahres Verwirklichungspotenzial, wenn sie der Kontrolle des Bewusstseins entzogen sind.

Unsere Bilder, die wir uns von unseren Mitmenschen und unserem Partner machen, unterliegen einem steten Wandel, wobei aber die bildlichen Vorstellungen, die wir bereits verinnerlicht haben, nur sehr schwer austauschbar sind. Denn sie haben einen derart intensiven Einfluss auf uns ausgeübt, dass sie sich regelrecht verkrallen, wenn wir versuchen, sie durch andere zu ersetzen. Haben neue Eindrücke keine tief greifende Wirkung auf uns, werden die alten Prägungen, die schon lange Zeit im Unterbewusstsein verhaftet sind, hängen bleiben. Aus sämtlichen neuen Eindrücken hingegen sollte man alle versteckten Negativtendenzen herausfiltern. Entlarven musst du vor allem jene Bilder, die unter dem Deckmantel der Sorge, der wohlgemeinten Skepsis oder des grüblerischen Zweifels sich bei dir eingeschlichen haben. Alle Vorstellungen, die deine Liebe, deine Zuversicht, dein Selbstvertrauen untergraben und deine Dynamik und Tatkraft hemmen, deine Zukunftsvisionen verdüstern oder dir sonst die Freude nehmen, sind dir feindlich gesinnt. Diese solltest du möglichst umgehend anhand der Gedankenkontrolle von der Wurzel her beseitigen.

Eine Partnerschaft hat ihren Ursprung meist in unserer Vorstellungskraft. So wird unser Unterbewusstsein bereits ein Bild über den Wunschpartner geschaffen haben, bevor wir noch beginnen, uns wirklich bewusst mit dieser Frage zu beschäftigen. Diese Idealvorstellung wird dabei oft von den Eltern und auch anderen Personen beeinflusst, von Menschen also, die uns von frühester Kindheit an prägen. Das, was Film, Fernsehen, Werbung und Ähnliches uns vermitteln, kommt später noch hinzu.

Vielleicht hast du dir noch gedacht, diese und jene Eigenschaft müsse dein Traummann oder deine Traumfrau auch noch besitzen, und hast dich dabei von einem Mangel leiten lassen, den du bei dir selbst unbewusst verspürt hast. So oder ähnlich spielt es sich meistens ab, wenn die Partnerwahl vollkommen dem Unbewussten überlassen wird und dein spirituelles Selbst und deine Erkenntniskraft noch nicht an diesem Entscheidungsprozess mitgewirkt haben.

Leidenschaftliche Beziehungen zwischen Mann und Frau nehmen ihren Anfang in der Regel auf der Astralebene. Die rein physische Vereinigung von Mann und Frau, die nur die körperliche Ebene tangiert, ist weitgehend bedeutungslos und hinterlässt keine Spuren. Auf der Astralebene hingegen entstehen Fäden, die eine eindeutige, emotionsgeladene Handschrift erkennen lassen.

Ist eine Beziehung durch starke Gefühle gekennzeichnet, die Leidenschaft wecken und einen emotionalen Gleichklang erkennen lassen, und spüren beide Partner, gemeinsam sind sie stärker als allein, so ist damit meistens schon ein Band geknüpft, das einigen Bestand verspricht. Eine wirklich befriedigende Beziehung ist dies jedoch nur, solange beide Partner auf dieser evolutionären Entwicklungsstufe stehen bleiben und keiner der beiden Partner ein Bedürfnis nach einer weiteren mentalen oder spirituellen Entfaltung entwickelt.

Eine typische Liebesbeziehung auf der Astralebene spielt sich folgendermaßen ab: Beide Partner verspüren plötzlich ein Gefühl, das alles verklärt wahrnehmen lässt, das sie auf einer Welle des Wohlgefallens durch den Tag trägt; alles wirkt auf einmal so ganz anders, jede Empfindung ist mit den vielfältigsten Gefühlen überlagert. So ein Tag wie heute, so schön sollte es immer sein. Der Verstand tritt dabei gänzlich in den Hintergrund, wunderbare Gefühle und Vorstellungen lassen den Alltag in einem vollkommen anderen Licht erscheinen. Die Wirklichkeit wird durch eine rosarote Brille gesehen, aber mehr ist auf dieser Ebene an Glückseligkeit nicht zu erreichen.

Diese Stufe des Verliebtseins hat ihre Grenzen dort, wo es zur Bewältigung der anstehenden Probleme auch mentaler Fähigkeiten bedarf.

Die Mentalebene

Wer bereits etwas an Reife gewonnen hat, der beginnt, Freude über seine geistigen Fähigkeiten zu verspüren. Zunächst entsteht eine gewisse Unzufriedenheit darüber, alle Probleme im Leben nur von der rein emotionalen Seite zu sehen. Obwohl die Gefühlsebene schon verfeinert und kultiviert worden ist, erwacht der Wunsch, Schwierigkeiten aus einer geistigen Sicht heraus zu betrachten. Auch Partnerschaftsprobleme werden dann nicht mehr nur persönlich, sondern auch mental analysiert, eine Art spielerisches Problemlösungsdenken entwickelt sich. Man lässt sich von Gefühlen nicht mehr übermannen, der Geist beginnt, die Emotionen zu kontrollieren. Man geht bewusster vor und bekommt sich in den Griff. Verzweifelt einen Ausweg für eine bestimmte Situation zu suchen bestimmt nicht länger unser Deuten und Handeln, vielmehr inszenieren wir diese Situationen und freuen uns darüber, durch Ideen neue Ausgangspositionen schaffen zu können. So veranlassen uns nicht länger unser Ehrgeiz und unser Stolz dazu zu arbeiten, nein, wir gestalten das Leben und bemühen uns, auf allen Ebenen unsere mentalen Ziele zu verwirklichen.

Auch in der Liebe verändert sich einiges. Es kommt plötzlich nicht mehr so sehr darauf an, dass unser Partner immer liebevoll und zuvorkommend auf uns reagiert, sondern wir beginnen, die Gestaltung unserer Beziehung in die eigenen Hände zu nehmen und unsere Ideen umzusetzen. Wir erkennen die Ressourcen ungenützter Potenziale, die in uns stecken, und sind glücklich, wenn wir eine Eigenschaft oder eine Tugend an unserem Partner entdecken, bei der wir das Gefühl haben, es würde sich lohnen, sie weiterzuentwickeln.

Wer bereits stärker auf der mentalen Ebene etabliert ist, der fühlt sich zu Menschen hingezogen, die ähnliche Interessen haben wie er selbst. Es ist nun nicht mehr von allzu großer Bedeutung, ob der Partner älter oder jünger ist, ob er gut aussieht oder nicht, sondern man orientiert sich mehr an seinen geistigen Fähigkeiten. Geistige Beweglichkeit und bewusstes Handeln sind wichtiger als Äußerlichkeiten oder gesellschaftliche Normerfüllung. Auf dieser Beziehungsebene schätzt man die mentale Stärke des Partners und nützt die Chance, sich auf diesem Gebiet gleichfalls weiterentwickeln zu können.

Welche Interessensgebiete stärken meine Partnerschaft? Auf der mentalen Ebene wird der Grundstein für eine dauerhafte geistige Verbindung gelegt. Die rein körperliche Anziehung, die sexuelle Befriedigung würzen sicherlich das partnerschaftliche Zusammenleben, aber gemessen an der Lebenszeit verbringen wir nur sehr wenig Zeit damit, uns an geschlechtlichen Umarmungen zu erfreuen.

Auf der mentalen Ebene entscheidet sich, wie die Interessen harmonieren, wie man sich selbst sieht, wie die anderen, was die wichtigsten Ziele sind, die man gemeinsam besser verwirklichen kann als allein, wo es Möglichkeiten gibt, sich gegenseitig zu unterstützen, was verbindet, wo es Interessensgegensätze gibt, was meine Stärken, was meine Schwächen sind, welche Vorstellungen mir Kraft geben, welche auf mich entmutigend wirken.

Um Antworten auf die oben aufgeworfenen Fragen zu bekommen, solltest du dich ganz entspannt hinsetzen, ganz ruhig und gleichmäßig durchatmen, die Augen schließen und dir vorstellen, dass du einen Fernseher einschaltest. Auf dem Bildschirm erscheinen nun die Visionen, die dir auf die Fragen, die du an dein spirituelles Selbst gestellt hast, eine Antwort geben.

Die spirituelle Ebene

Die spirituelle Ebene tangiert eine Partnerschaft dann besonders stark, wenn beide Partner eine gewisse religiöse Sensibilität entwickelt haben. Das äußert sich meistens dadurch, dass ein Nach-innen-Hören, ein Nach-innen-Fühlen, ein Sich-leiten-Lassen von Bildern der Intuition zu einem integrierenden Bestandteil des Alltags geworden sind. Man spürt, hier öffnet sich ein Tor und dahinter verbergen sich viele Überraschungen.

Für die Partnerschaft kann das eine Zeit der Spannungen sein, insbesondere wenn bei einem der Partner das spirituelle Wachstum schon weiter fortgeschritten ist. In dieser Phase des spirituellen Erwachens wird man seine eigentliche Lebensaufgabe klar vor sich sehen und den inneren Drang verspüren, das bisher Versäumte nachzuholen. Die Sexualität als Erfüllung eines sehnlichen Wunsches verliert an Bedeutung, was keineswegs heißen soll, dass die Sexualität ab diesem Zeitpunkt gar keine Rolle mehr spielt. Aber nun gewinnt der schöpferische Teil der Sexualität die Oberhand.

5. Intuition

Der Gedanke ist der Anfang von allem.
Die Gedanken jedoch kann man lenken.
Deshalb ist die Hauptsache der Vervollkommnung,
seine Gedanken zu bearbeiten.
Lew N. Graf Tolstoi

Intuitiv die richtigen inneren Bilder erwecken

Das Leben eines jeden Menschen wird in allen Bereichen von seiner Bilderbibliothek, die durch die Speicherung zahlreicher verbildlichter Vorstellungen entstanden ist, bestimmt. Um eine Partnerschaft zu festigen, d.h. die Fähigkeit für den liebevollen Umgang mit einem Partner zu erlernen, ist es notwendig, die störenden inneren Bilder aufzulösen und selbst starke innere Bilder zu entwickeln. Dazu drängen sich folgende Fragestellungen auf: Wie kann ich die störenden inneren Bilder finden, wie kann ich sie auflösen und beseitigen und wie erzeuge ich neue Programmierungen, die es mir erlauben, meine partnerschaftlichen Fähigkeiten zu entfalten und voranzubringen?

Der von Hektik gekennzeichnete Lebensrhythmus verleitet uns oft zu oberflächlichem Handeln und Denken. Gerade in dieser schnelllebigen Zeit kann es eine große Hilfe sein, sich hin und wieder Zeit zu nehmen, um den Partner zu »meditieren«. Diese Meditation eignet sich für Paare, die schon jahrelang miteinander verheiratet sind, aber auch für frisch Verliebte. Denn wir verändern uns ja ständig und immer wieder können aus solchem Meditieren neues Verstehen, tiefere Liebe und neue Kraft wachsen.

Ich stelle mir meinen Partner vor:

- Wie sieht er aus? Welche körperliche Haltung hat er?
- Wie begrüßt er mich? Flüchtig – erwartungsvoll – hoffend auf mich – fragend?
- Hat er ein Anliegen, Sorgen? Ist er müde, was braucht er jetzt?
- Wie sieht sie aus? Welches Kleid hat sie an? Wie schaut sie mich an? Lächelt sie?
- Gibt sie mir die Hand? Bietet mir ihren Mund? Will sie mir etwas erzählen?
- Ist sie erregt – bedrückt – erfreut?

Ich denke mich in die Entwicklung meines Partners hinein:

- Wie war das Verhältnis zu seinen Eltern / Geschwistern?
- Wie hat ihn die Erziehung geformt? Welche Wünsche und Bedürfnisse sind in ihm wach geworden?
- Welche Fähigkeiten und Anlagen hat er? Welche Kräfte kann er in sich entfalten, welche verdrängt er?
- Wie kann ich ihn bei seiner Selbstverwirklichung unterstützen?
- Ihn freigeben, der zu sein, der er ist?

Ich stelle mir meinen Partner vor:

- Wie er mit Kindern umgeht.
- Wie er den Kleinen auf den Arm nimmt.
- Wie sie das Kleine wickelt, es liebkost, glücklich ist mit dem Kind.
- Wie er mit dem Fünfjährigen spielt.
- Wie er die Fragen der großen Kinder beantwortet.
- Wie sie auf die freche Antwort des Vierzehnjährigen reagiert.
- In der Welt seines Berufes, im Umgang mit seinen Kollegen, in den Pflichten des Haushalts.
- Welche Vorstellungen er vom Leben hat. Welche Ängste, welche Hoffnungen, welche Werte ihm bedeutend sind.
- Wie er nach dem Sinn des Lebens sucht.
- In welchen geistigen Auseinandersetzungen sie steht.
- Wie er sich dem Anruf des Glaubens stellt oder noch nicht stellen kann.
- Wie er mit dem Wort der Schrift umgeht. Wie sie betet.
- Wie er glaubt, hofft und liebt.

Wie ich die störenden inneren Bilder finde:

Das Entdecken der inkanalisierten Projektionen, die dich stören und dich daran hindern, eine glückliche Partnerschaft einzugehen und zu leben, setzt deine Bereitschaft voraus, dich mit den dunklen Seiten deiner Persönlichkeit auseinanderzusetzen. Diese störenden inneren Bilder bewirken in deinem Energiehaushalt Blockaden, die dazu führen, dass du dich müde und ausgelaugt fühlst, obwohl du dich vielleicht noch gar nicht richtig angestrengt hast.

Setz dich an einen ruhigen Ort, auf einen Stuhl oder lege dich auf ein Bett, entspanne dich und beginne, ganz ruhig und gleichmäßig zu atmen. Richte dann deine Aufmerksamkeit auf deine negativen Gedanken und Vorstellungen, die du in Bezug auf Partnerschaft, Liebe und Intuition hast. Vielleicht assoziierst du mit Partnerschaft die unterschiedlichsten Dinge wie: Das funktioniert doch nicht, wer ist schon mit seinem Partner zufrieden, warum ist mein Partner nicht schöner, reicher, ehrlicher, sexueller, zärtlicher, liebevoller? Warum muss immer ich dieses und jenes tun, warum liegt immer die Hauptlast aller Arbeiten auf mir, warum, warum, warum?

Wenn du diese Probleme hast, ist es wirklich höchste Zeit, dass du dir vorstellst, wie sich dein Leben verändern soll. Fange an zu träumen, male dir das Ideal deines Traumpartners vor deinem geistigen Auge aus. Frage dich dabei jedoch, ob das, was du dir da wünschst, mit deinen Wertvorstellungen und deinen innersten Überzeugungen im Einklang steht. Denn du musst dir darüber im Klaren sein, dass das, was du dir bildlich verinnerlichst, dein Unterbewusstsein darauf programmiert, dass sich dies auch erfüllt.

Wenn es dir also gelingt, deine körperlichen, emotionalen und seelischen Missklänge des täglichen Lebens zu beherrschen, dann öffnet sich für dich eine ganz neue Bilder- und Gestaltungswelt. Du wirst empfänglich für neue Gefühle, für neue Formen der Wahrnehmung, des Denkens, Handelns und Fühlens. Du siehst deinen Partner in einem anderen, völlig neuen Licht. Hast du schon einmal überprüft, welche spirituelle Aufgabe in Bezug auf deine Partnerschaft du in diesem Leben zu erfüllen hast? Was du im Bereich der Partnerschaft lernen und erfahren sollst? Dein spirituelles Selbst wünscht sich für dich nicht den reichsten, schönsten und bequemsten Partner, sondern einen, mit dem du dich spirituell entwickeln kannst. Aber solch eine Entwicklung ist nicht mit Bequemlichkeit, sondern mit Gedankenkontrolle und bewusstem Erleben verbunden. Wenn du in einer Umgebung des Wohlstandes, der Sicherheit und Bequemlichkeit kein spirituelles Wachstum mehr hinzugewinnen kannst, so setzt dein höheres Selbst alles daran, diese Lebensbedingungen zu verändern, sodass geistige Weiterbildung wieder möglich wird.

Die unterschiedlichen Erfahrungen, die du je nach deiner inneren Einstellung unwillkürlich anziehst, unterstützen dich dabei, seelisch zu reifen. So sind leidvolle Erfahrungen oft nur dazu da, um das Leben neu zu überdenken und nach den neuen Erkenntnissen zu korrigieren. Wenn ich im Alltag immer wieder bemüht bin, mich, mein Denken, mein Handeln zu prüfen, so muss mich das Schicksal vielleicht nicht erst ans Bett binden, damit ich über mich nachdenken kann. Versuche stets im Augenblick zu sein und zu leben. Hast du dir schon einmal vorgestellt, was du dabei empfinden würdest, wenn dir mitgeteilt würde, dass dein Partner bei einem Verkehrsunfall tödlich verunglückt ist? Auf den Straßen Europas sterben jedes Jahr rund 50.000 Menschen. Was würdest du dabei empfinden, wenn dein Partner betroffen wäre? Würde es dir dann Leid tun, dass du dies und jenes, womit du ihn verletzt hast, nicht wieder gutmachen kannst? Hast du dir schon einmal vor Augen geführt, welchen Verlust du damit erleiden würdest? Scheint unter solchen Umständen so manche Querele nicht lächerlich und sogar überflüssig zu sein?

Bemühe ich mich in der Partnerschaft immer um einen gerechten Ausgleich? Trete ich immer für die Wahrheit ein? Kann sich mein Partner darauf verlassen, dass ich die Wahrheit sage, dass ich mich bemühe, fair zu sein, dass ich danach strebe, der Liebe in jedem Bereich meines Lebens eine Chance zu geben? Sind meine Ansprüche an den Partner, gemessen an dem, was ich bereit bin, für ihn zu tun, zu hoch oder zu niedrig? Wie würde ich mich an seiner Stelle fühlen? Das spirituelle Denken schließt immer den Partner als meinen Nächsten mit ein. Es ist wichtig, dem Partner gegenüber offen und liebevoll zu sein, denn nur das ist wirklich gelebte Spiritualität.

Bei diesem Reifeprozess wirst du immer wieder zwischen deinem höheren und niedrigeren Selbst gespalten sein, du wirst mit Unsicherheit, Illusionen und Herausforderungen konfrontiert werden. Aber Stück für Stück schälen sich die verschiedenen Schichten ab und du erreichst schließlich eine reibungslose Verständigung mit deinem göttlichen Kern, der dir alle Fähigkeiten und alles Wissen zur Verfügung stellt. Langsam wirst du spüren, wie alle Lasten viel leichter zu ertragen sind, wie die Energie belebend deinen Körper durchströmt und dir Kraft gibt. Dann wirst du eines Tages zurückblicken und dich fragen, warum diese Entwicklung so lange gedauert hat und warum du diesen Weg nicht schon viel früher und rascher beschritten hast.

Ich denke
– an das Gute, das mir mein Partner getan hat. –
– an unsere erste Begegnung. –
– daran, wie wir uns immer besser kennen lernten. –

– an all die glücklichen Stunden
und frohen Erlebnisse. –
– an ein frohes Erlebnis,
das mir am besten im Gedächtnis ist,

und ich erinnere mich in allen Einzelheiten,
– wie er mir zugehört hat. –
– wie sie mich verstanden hat. –
– wie sie mich getröstet, aufgerichtet,
ermutigt, bestärkt hat. –
– wie er Leid mitgetragen hat. –
– wie er Geduld mit mir gehabt hat. –

Ich denke mir meinen Partner,
– wenn er mir besonders aufmerksam zugewandt ist. –
– wie er mir Gutes und Liebes sagt. –
– wie er mich berührt, mich streichelt,
zärtlich zu mir ist.

Was sagen
– ihre Hände? –
– ihre Augen? –
– ihr liebes Gesicht?

Du, was bist du für ein Wesen,
das ganz für mich da sein will?
– Dein Inneres öffnet sich mir und nimmt mich an,
– mein Inneres öffnet sich dir
– und nimmt dich an.

Anonym

Da die Intuition auf feinstofflichen Wahrnehmungen beruht, ist es wichtig, dass die Energie im feinstofflichen Energiekörper richtig fließt. Intuition ist daher in ganz besonderem Ausmaß von der Funktionsweise der Chakren abhängig. Je besser der Energiefluss im Herz-, Hals- und Stirn-Chakra angeregt wird, desto besser funktioniert die energetische, intuitive Wahrnehmung.

Methode der gelenkten Sexualphantasie

Die Methode der gelenkten Sexualphantasie stellt eine von der Intuition gesteuerte Möglichkeit dar, herauszufinden, ob ein vermeintlicher Partner zu dir passen würde. Wenn du dir überlegst, ob ihr zusammenpassen könntet oder nicht, so kann dir die Intuition dabei behilflich sein, diese Frage zu beantworten.

Bevor du unnötig viel Zeit, Energie und seelische Kraft für das Zustandekommen und das Funktionieren einer Beziehung investierst, teste mit deiner Intuition, ob sich dies auch tatsächlich lohnt.

1. Wähle dir einen Platz, an dem du dich ungestört von äußeren Sinneswahrnehmungen entspannen kannst.

2. Setze oder lege dich bequem hin. Atme ruhig und gleichmäßig einige Male durch, ohne zwischen dem Einatmen und dem Ausatmen eine Pause einzulegen.

3. Stelle dir jetzt einen von Erotik prickelnden Raum oder einen beliebigen Ort vor, an dem du dich wohl fühlen kannst.

4. Lasse deiner Phantasie freien Lauf. Dein Liebespartner liegt neben dir, ihr beginnt, euch zu liebkosen, küsst euch, fühlt, wie ihr immer leidenschaftlicher werdet, und beginnt, euch zu entkleiden.

5. Wie reagiert dein Liebespartner auf dich? Was hast du für ein Gefühl dabei? Hast du das Gefühl, aus dieser Vorstellung könnte etwas werden? Oder dominiert bei dir das Gefühl der Zurückhaltung oder sogar der Angst?

Aus deinen Antworten kannst du Rückschlüsse ziehen, ob ihr so gut harmoniert, wie du dir das wünschst. Die Methode der gelenkten Sexualphantasie erleichtert es, alle bewusst und intuitiv gesammelten Eindrücke zu einem umfassenden Bild zu vereinen. Lasse dich bei sexuellen Beziehungen immer von deiner Intuition führen.

6. Visualisieren

Der Gedanke ist eine Tat,
und zwar die fruchtbarste,
die auf die Welt wirken kann.
Emile Zola

Visualisieren ist eine Methode, die Vorstellungskraft zu nutzen, um das zu verwirklichen, was man im Leben und in der Partnerschaft erreichen will – eine Fähigkeit, die wir alle besitzen und auch täglich, meist jedoch nur unbewusst, anwenden. Wenn wir eine negative Meldung vernehmen, so beginnen wir gleich, uns Schlimmes auszumalen. Wir machen uns dazu ganz unbewusst unsere schöpferischen Fähigkeiten zu Eigen, die wir jedoch ebenso gut bewusst einsetzen könnten. Vieles von dem, was wir glauben, dass uns das Schicksal an Glück, Zufriedenheit, Harmonie und Liebe vorenthielt, kann durch positives Denken in unser Leben treten und es bereichern.

Alle Vorstellungen streben mit der ihnen eigenen Kraft nach Realisierung. Phantasie bedeutet die Fähigkeit, eine Idee geistig als Bild entstehen zu lassen. Beim Visualisieren setzt du deine Vorstellungskraft ein, um ein klares, lebendiges Bild von der Situation zu bekommen, von der du dir wünschst, dass sie zur Realität wird. Dein Ziel kann dabei auf jeder Ebene liegen – der materiellen, der emotionalen, der geistigen oder spirituellen. Du musst nur so lange positive Energie auf diese Vorstellungsbilder konzentrieren, bis sie Wirklichkeit geworden sind.

So kannst du dir Situationen visuell produzieren, die du mit deinem Partner erleben möchtest. Dabei solltest du mit deinen Ansprüchen an deinen Partner, egal ob du schon einen hast oder auf einen wartest, fair sein, denn alles, was du dir vorstellst, soll auch im Bereich des Möglichen liegen. Bei der Methode des Visualisierens muss man immer die Grenzen des Erreichbaren ins Auge fassen, legt man auf raschen Erfolg wert. Der Grundsatz, der auch hier seine Gültigkeit hat, ist, dass gleiche Schwingungen sich anziehen. Durch das Visualisieren bringst du dich sozusagen auf die Schwingungsebene, auf der du mit deinem Partner zusammen sein möchtest.

Im Bereich der »kleinen Wunder« lässt sich mit der Technik des Visualisierens sehr viel bewirken. Wenn du dir beispielsweise wünschst, mit deinem Partner besonders gut auszukommen oder bestimmte Schwierigkeiten zu vermeiden, so brauchst du dich nur meditativ zu entspannen, ruhig und gleichmäßig tief durchzuatmen und dir vorzustellen, wie sich diese Situationen tatsächlich abspielen sollen. Dabei solltest du dir ganz ehrlich und offenen Herzens das Erwünschte verdeutlichen. Schon nach einigen Wiederholungen wirst du merken, dass es mit der Zeit leichter geht und die Schwierigkeiten sich zum Wohle beider auflösen.

Es darf aber unter keinen Umständen dazu kommen, dass du den anderen dazu zwingst, etwas gegen seinen Willen zu tun. Worauf es also ankommt, ist, den anderen auch als gleichwertigen Partner zu respektieren. Wenn du versuchst, jemand anderen mit dieser Methode zu deinem alleinigen Nutzen zu »manipulieren« so verkehrt sich das sehr rasch ins Gegenteil, denn unehrliche Absichten werden vom Partner genauso wahrgenommen wie ehrliche. Zwar spielt sich das auf der unbewussten Ebene ab, ist aber deswegen keineswegs weniger wirksam.

Das Gesetz der Ausstrahlung und Anziehung

»Was du säst, wirst du ernten.« Dieses Gesetz gilt im ganzen Universum und auf allen Ebenen und es besagt, dass wir immer das anziehen, worüber wir am meisten nachdenken, an das wir am stärksten glauben, was wir uns ganz lebhaft und emotional vorstellen können.

Wenn wir negativ und furchtsam von dem stetigen Gedanken verfolgt sind, unser Partner könnte uns untreu werden, er könnte uns belügen, er könnte uns nicht mehr lieben, und wenn wir uns dies noch bildhaft ausmalen, so führen wir früher oder später genau solch eine Situation herbei. Dies hängt damit zusammen, dass auf der unbewussten Ebene ein telepathischer Gedankenaustausch über die morphologischen Felder stattfindet und dass Gedankenaustausch auf der unbewussten Ebene immer in Form von Bildern erfolgt. Jedes Bild, das wir unbewusst in die Welt setzen, kann von einer anderen Person unbewusst wahrgenommen werden. Da das Unterbewusstsein jedoch keine Kritikfähigkeit besitzt, wird jedes Bild quasi als »Wunsch« interpretiert und alles in die Wege geleitet, was die Verwirklichung dieses »Wunsches« begünstigt. Wenn du also deinem Partner ständig ein Bild der Untreue übermittelst und er dies im Unterbewusstsein speichert, so kann es zur Verwirklichung dieser Vorstellung kommen, sollten die moralischen Schranken nicht stark genug sein. Anders verhält es sich, wenn diese Vorstellung in das Bewusstsein aufgenommen wird. Dann kann sich der kritische Verstand damit auseinandersetzen und das Bild neutralisieren.

Sich eine durch und durch positive Einstellung anzueignen ist die beste Voraussetzung dafür, um Freude, Glück, Harmonie und Zufriedenheit anzuziehen, da dieser Seelenzustand von den anderen Menschen auf der gleichen Schwingungsebene realisiert werden kann. Je stärker diese Vorstellungen mit positiver Energie aufgeladen worden sind, umso rascher werden sie sich verwirklichen.

Die durch Visualisieren bewirkten Veränderungen geschehen nicht nur durch oberflächliches positives Denken, sondern berühren unsere inneren Grundeinstellungen. Wenn wir uns der Methode des Visualisierens regelmäßig bedienen, können wir unser inneres Wachstum ganz erheblich vorantreiben und in kurzer Zeit Ziele erreichen, die uns noch bis vor kurzem als utopisch erschienen sind. Wir werden aber auch auf Hemmungen und Ängste stoßen, die unser spirituelles Wachstum bisher behindert haben und die wir durch die Verinnerlichung positiver Denkmuster gezielt beseitigen können.

Das Aufsteigenlassen negativer Vorstellungen

Negative Programmierungen kannst du in Form von Bildern in dir aufsteigen lassen. Setze dich auch hierfür entspannt hin, richte deine ganze Aufmerksamkeit nach innen und frage dich beispielsweise: Was stört meine Gesundheit? Warte anschließend einige Minuten auf die in dir aufsteigende Antwort. Dieses Verfahren kannst du auch für andere Fragestellungen anwenden: Was stört mich in meiner Partnerschaft, wie könnte ich dieses Problem lösen, wie könnte ich zur Situationsverbesserung beitragen, inwiefern muss ich mich verändern? – mögen dabei die Formulierungen, die dir in den Sinn kommen, lauten. Deine Intuition, dein innerstes Wesen, hält für dich bereits seit Jahren wichtige Antworten parat.

Aber der Intuition, die jeder in sich trägt, ergeht es so wie vielen Menschen am Arbeitsplatz, die gute Ideen haben, aber vielleicht niemanden, der ihnen zuhört, der sich mit ihren Ideen beschäftigen möchte. Auch der Intuition schenken die meisten Menschen kaum Gehör, etwa in extremen Stresssituationen. Wenn man nicht mehr ein noch aus weiß, dann wäre so manch einer wieder bereit, auf die Stimme der Intuition zu hören. Allerdings ist es nicht verwunderlich, wenn das Ergebnis dann unbefriedigend ausfällt, denn wer diese Art der Kommunikation nicht geübt hat, kann das in einer Stresssituation nicht plötzlich nachholen.

Wenn du diesen inneren Dialog rechtzeitig übst und konsequent weiterentwickelst, so kannst du sehr viel erreichen und du wirst ständig neue Erfahrungen gewinnen.

Kreative Imagination

Aus wie viel verschiedenen Wesen besteht der Mensch eigentlich? Welches Wesen meldet sich, wenn der Mensch sagt, ich möchte ein Stück Torte? Wer sagt: Ich bin müde, ich habe Hunger, ich möchte ein neues Auto, ich will Liebe, ich will Karriere machen, ich habe Angst oder ich habe eine gute Idee?

Gibt es im Menschen einen unveränderlichen Wesenskern, der alles kann und nichts mehr dazulernen muss? Bleibt der Mensch immer gleich? Welches Ich ist mehr, welches weniger veränderbar? Gibt es ein Ich im Menschen, das nicht verändert werden kann?

Wer koordiniert diese verschiedenen Teilpersönlichkeiten im Menschen und bringt sie in Einklang miteinander? Wie beeinflussen sich diese unterschiedlichen Teilpersönlichkeiten und welche davon setzt sich auf welcher Ebene durch?

Gehen wir einmal davon aus, dass es ein innerstes Wesen gibt, das eingebettet ist in einem bewussten und einem unbewussten Wesen. Träume kommen aus dem Reich des Unterbewussten; außersinnliche Wahrnehmung, prophetische Träume, Hellsichtigkeit und Telepathie dagegen sind dem Bereich zuzuordnen, in dem es Berührungspunkte zwischen Unterbewusstsein und Bewusstsein gibt. Religiöse oder mystische Erfahrungen können eher als Kontakt des Bewusstseins mit dem überbewussten Wesen und dem kollektiven Unbewussten erklärt werden. Es kommt also darauf an, dass das innerste Wesen in die Lage versetzt wird, diese unterschiedlichen Teilpersönlichkeiten zu koordinieren und zu strukturieren.

Die kreative Imagination umfasst all unsere verschiedenen Teilpersönlichkeiten und wird von unserem koordinierenden und organisierenden innersten Wesen ausgeübt. Sie ist eine Kraft, die alle Bereiche deines Lebens verändern kann, wenn du sie richtig einsetzt. Unter dem Druck von außen, dem Druck, der als so genannte »öffentliche Meinung« an uns herantritt, haben viele Menschen etwas Wesentliches vernachlässigt, nämlich mit ihrer eigenen inneren Bilderwelt richtig umzugehen. Um dir die Gewissheit zu geben, dass du tatsächlich die Fähigkeit der Imagination besitzt, richte ich folgende Frage an dich:

Wie sieht es bei dir in deiner Wohnung aus? Es wird dir wohl kaum Probleme bereiten, dir das genau vorzustellen. Etwas schwieriger ist es bereits, sich etwas Gehörtes in Erinnerung zu rufen. Statistische Untersuchungen über die innere Wahrnehmungsmöglichkeit des Menschen zeigen, dass rund 97 % der Menschen Bilder, 93 % Klänge, 74 % Bewegungen, 70 % Berührungen, 67 % Geschmack, 66 % Geruch, 54 %, Schmerz und 43 % Temperatur wahrnehmen können. Dies zeigt deutlich, dass nahezu jeder in der Lage ist, innere Bilder zu sehen.

Die Imagination soll möglichst klar und deutlich sein, denn sie soll unser Unterbewusstsein aktivieren, damit uns dieses auf dem Weg zu unseren selbst gesteckten Zielen bestmöglich unterstützt. In jedem Fall aber musst du wirklich wollen, dass die von dir imaginierten Bilder Realität werden. Male dir beispielsweise gedanklich aus, wie du und dein Partner glückliche Tage miteinander verbringt, wie ihr eine bezaubernde Liebesnacht durchlebt, Probleme gemeinsam löst, und du wirst spüren, welche Ausstrahlung und Faszination von deinem Partner ausgeht. Je intensiver sich solche Szenen in deinem Inneren verankern, desto stärker wird die Antriebskraft sein, die zur Verwirklichung drängt!

Die intuitive Partnerschaft

Das Vertrauen und die Bereitschaft, dich auf deine eigenen Gefühle einzulassen und auf die Regungen in deinem Inneren zu hören, schaffen die ideale Ausgangsposition, die es dir ermöglicht, Intimität zu dir selbst und zu deinem Partner zu entwickeln. Wenn du lernst, dich selbst zu lieben, erfährst du auch Liebe und Anerkennung. Wenn du mit dir zufrieden bist und dich glücklich fühlst, so überträgt sich das auch auf deinen Partner. Wer jedoch völlig zerknirscht und uneins mit sich und der Welt auf den anderen zugeht, wird dabei unbewusst auf jemanden treffen, der sich in einem ähnlichen Gefühlszustand befindet, und so wird über deine Partnerschaft deine eigene Unvollkommenheit gespiegelt. Diese Gedankenkette ist viel heimtückischer, als man glaubt, denn so werden tagtäglich »neue Realitäten« geschaffen.

In der Regel haben wir viel zu viel Angst, unseren eigenen Gefühlen zu trauen, vor allem im Gebiet der Partnerschaft und der Sexualität. Dies hängt damit zusammen, dass die Energien, die im zwischenmenschlichen Bereich wirken, intensiv wahrgenommen und umgesetzt werden. Im Hintergrund steht immer die Furcht, verletzt zu werden oder den anderen zu verletzen. Nur wenn wir gelernt haben, unserer inneren Führung zu vertrauen, können wir dieses negative Vorzeichen erfolgreich überwinden.

Wir wissen, dass es nicht darum geht, Ruhe und Stillstand in eine Beziehung zu bringen, sondern wir akzeptieren sie als das, was sie wirklich ist, nämlich eine Beziehung, in der wir reifen und wachsen können und dies auch unserem Partner zugestehen.

Wenn du dir deine intuitive Partnerschaft visualisierst und wartest, welche Bilder dabei von innen in dir aufsteigen, so wirst du erkennen, dass Beziehungsmuster sich in deinem Inneren verhaften. Was heißt das nun ganz konkret? Eine Partnerschaft beginnt innen, ist innen und nicht außen? – In Wahrheit suche ich im Außen immer nur einen Spiegel, der mir Informationen über mein inneres Selbst gibt.

Die Methode des Visualisierens ermöglicht dir einen besseren Kontakt mit deiner Innenwelt, die als Echo auf die Außenwelt bezeichnet werden kann. Das, was von außen in Form von Problemen auf dich zukommt, bewirkt eine Reaktion deines inneren Wesens.

Menschen, die noch nicht gelernt haben zu reflektieren, auf ihre innere Stimme, ihre Intuition zu hören, entwickeln die unterschiedlichsten Strategien, Probleme zu lösen, ohne diese wirklich zu verstehen oder gar zu lösen. Sie sehen die Fehler nur bei den anderen und wollen selbst keine Verantwortung für die Unstimmigkeit übernehmen.

Liebesbedürfnisse befriedigen

Das Bedürfnis, zu lieben und geliebt zu werden, beginnt nicht bei der Sexualität und endet auch nicht mit ihr. Erfüllender Geschlechtsverkehr hat seine Wurzeln nicht in der gegenseitigen körperlichen Erregung, vielmehr wird die Voraussetzung hierfür in einem viel früheren Stadium geschaffen. Schon nach der Geburt erwacht im Menschen der Wunsch nach Wiederherstellung von Einssein mit dem Du, wie dies im Mutterleib der Fall war. Also trägt der Mensch diesen Wunsch unbewusst oder bewusst immer in sich. Wenn in einer Liebesbeziehung auf der sexuellen Ebene nicht mehr viel Aufregendes passiert und man mit der Situation unzufrieden ist, so kann die Aktivierung der Vorstellungskraft dabei Abhilfe schaffen. Versuche, dir deine Wünsche einzugestehen, und öffne ihnen die Pforten, damit sie in den Raum, in dem deine Imaginationen beheimatet sind, eintreten können. Lasse die Energie der Liebe auf deine Wunschvorstellung einwirken und du wirst erkennen, dass ein Potenzial vorhanden ist, das die sexuellen Defizite in deiner Beziehung überwinden kann. Wenn du deine Sehnsucht mit der Schwingung der Liebe verbindest, wirst du auch alle Hemmungen ablegen, die dich daran hindern, deine intimen Wünsche auszusprechen.

In unserer Gesellschaft ist die Unterdrückung sexueller Bedürfnisse weit verbreitet. Nicht die Seele oder Gott verbieten uns die Freude an der Sexualität, sondern nur wir selbst.

Solltest du einen sexuellen Wunsch haben, den du gerne mit deinem Partner ausleben möchtest, den du aber nicht in Worte zu fassen wagst, so ist dessen Erfüllung auch nicht möglich. Denn selbst, wenn dein Partner deine Wünsche erahnt, so erahnt er gleichzeitig auch deine Hemmungen, Vorurteile und deine Ängste. Die Konsequenz daraus kann unter Umständen radikale Folgen nach sich ziehen. Denn dein Partner reagiert in dem Fall nicht nur auf dein stilles Sehnen, sondern auch auf die damit verbundenen Ängste. Du musst dir alle Barrieren, die sich zwischen dir und deinen Wünschen auftun, bewusst machen. Das ist in den meisten Fällen schon die Lösung des Problems.

7. Liebe, Ausstrahlung und Anziehung

Ausstrahlung ist im Menschen
wie das Brennen beim Feuer,
das Leuchten bei der Kerze,
das Funkeln bei kostbaren Steinen,
Gold und Silber.
Es ist etwas Geistiges.
Li Liweng

Das Geheimnis der Liebe auf den ersten Blick liegt in der Magie der Anziehungskraft und der Ausstrahlung. Je nach Sensibilität und intuitiver Auffassungsgabe nimmt jeder die Ausstrahlung des Partners wahr, wenn der Verstand diese Wahrnehmungsfähigkeit nicht blockiert. Der Grund dafür liegt in der Kraft, die von den Gedanken ausgeht.

Die allseits bekannte Redewendung »Die Gedanken sind frei« bedeutet keineswegs, dass man den Partner auf der geistigen Ebene ganz nach Belieben demütigen oder kompromittieren kann, ohne sich dafür verantwortlich zu fühlen. Auch hier sollte man die Ursache für solche Gedanken ergründen und sie offen mit dem Partner besprechen.

Wer dagegen weiß, welche Kraft von Gedanken ausgeht, kann viele Schwierigkeiten entweder durch ein offenes Gespräch oder durch Gedankenkontrolle von vorneherein vermeiden. Die Macht der Gedanken wirkt sich auch auf anfangs noch so harmlos erscheinende Flirts aus. Gerade diese Unterschätzung kann jedoch ungeahnte Folgen nach sich ziehen, wobei die sich so anbahnende Beziehungsproblematik den Beteiligten gar nicht oder erst zu spät bewusst wird. Komplikationen treten auf, wenn einer der »Flirtpartner« über die Grenzen des Flirts hinaus seinen Wunschvorstellungen freien Lauf lässt, diese eine gewisse Intensität erreichen und über einen längeren Zeitraum hinweg andauern. Denn dadurch setzen sie sich im Unterbewusstsein des anderen fest und beeinflussen es nachhaltig. Das böse Erwachen erfolgt dann meist zu spät und man kann nicht mehr nachvollziehen, warum die Dinge einen solchen Verlauf genommen haben. Verständnis- und Ratlosigkeit hätten aber mittels Bewusstheit gar nicht erst zu entstehen brauchen!

Energie und Partnerschaft

Mann und Frau sind polare Gegensätze.
Darum ziehen sie sich gegenseitig an
und nur durch polare Gegensätzlichkeit
ist Schöpfung möglich.
Nur durch polare Gegensätzlichkeit
kommt Leben zustande.
Osho

Liebe und Partnerschaft sind grundlegende Bedürfnisse, so grundlegend wie Freiheit, und darum müssen beide erfüllt werden.

Das Wertvollste und Schönste, was uns auf dieser Welt begegnen kann, ist ein Mensch, der voller Liebe und frei ist. Wenn sich zwei Menschen in dieser Schönheit treffen, ist ihre Beziehung ein Sich-Beziehen, ein fließender Strom zu größten Höhen.

In einer Beziehung muss jeder dem anderen seine Freiräume zugestehen. Wenn du deinem Partner die Luft zum Atmen nimmst, droht die Liebe zu ersticken.

Den Rhythmus des Alleinseins und Zusammenseins zu erkennen und sich ständig zwischen beiden zu bewegen, darin liegt die Kunst, eine wirklich glückliche und dauerhafte Beziehung führen zu können.

Freiheit hat einen ebenso hohen Wert wie die Liebe und ohne Freiheit kannst du nie glücklich sein. Zerstört Liebe die Freiheit deines Partners, dann hat sie keinen Wert mehr.

Absolute Freiheit ist ein tiefer Wunsch jedes Mannes und jeder Frau. Liebe darf niemals zum Gefängnis werden! Eine in dieser Freiheit gewählte Nähe ist beglückende Nähe. Zwei Liebende sind wie zwei Säulen eines Tempels: Sie unterstützen dasselbe Dach, aber sie stehen getrennt da, jeder für sich selbst, und dennoch stützen sie etwas gemeinsam: ihre Liebe.

Energie und Sexualität

Sie müssen aufhören, in Liebe zu fallen,
aufhören sich zu verlieben.
Sie sollen beginnen, in Liebe zu erwachen.
Die Liebe, die uns fallen lässt,
ist die Liebe, die uns bindet an Menschen,
an Besitz und an Vorstellungen.
Die wahre Liebe macht frei.
Doris Aeschbacher

Eine wunderbare Energiequelle, die Kraft der Schöpfung oder Lebenskraft oder auch Ch'i genannt, schwingt im Universum. Es ist dieselbe Energie, die zwischen Mann und Frau fließt. Unser Körper ist ein schwingendes Energiesystem. Unsere Sexualorgane enthalten eine machtvolle und kraftvolle Energiequelle, eine dynamische Kraft, die sich durch unseren Leib zum Herzen bewegt.

Diese Energie durchtränkt unser ganzes Wesen, sie verjüngt, reinigt, heilt und stärkt, sie öffnet uns das Herz und die Sinne. Man kann diese Liebesenergie feiern und genießen und als Transformation zur inneren Freiheit benutzen. Sexualität ist nicht nur ein natürlicher Trieb. Sie ist eine Vereinigung von zwei Körpern und Seelen in ihrem ganzen Sein und vollkommene Einswerdung in höchster Glückseligkeit. Sexualität ist gleichzeitig Meditation über die schöpferische Tat und das tiefste, heiligste Geheimnis des Lebens.

Orgasmus ist ein Zustand, in dem sich der Körper nicht mehr wie Materie anfühlt, er vibriert und pulsiert aus unendlichen Tiefen heraus, aus der Wurzel unseres Seins. Der Körper ist ein elektrisches Phänomen. In der Vereinigung verschmelzen zwei Körper ineinander, treffen sich im Innersten und lösen so die Zweiheit auf, weil sie gleichzeitig ihre Identität vergessen und aufgeben.

Nur in tiefer Liebe kommst du an diesen Punkt, zur Harmonie, zum Orgasmus. Die Herzen zweier Liebender sind nicht mehr getrennt, ihre Herzschläge fallen zu einer Melodie zusammen!

Teil II

Liebe und Meditation in der Praxis

In der Stille begegnen wir der Kraft des Lichtes.
Hier geschieht etwas Neues und Kreatives,
etwas, das man nicht in Worte fassen kann,
das aber von außergewöhnlicher Bedeutung
für das ganze Leben ist.
Hellmut Wolff

Sinn jeder Meditation ist, dass durch ihre Übung der Geist des Übenden gesammelt wird, sie ihn beruhigt und klärt, wie die Oberfläche eines unruhigen Wassers, auf dessen Grund man schauen kann, wenn die Oberfläche still und ruhig und das Wasser klar ist. Eine verstärkende Meditationshilfe ist die Yogi-Atmung, die durch beharrliches Üben Konzentration und einen bewussten Zustand herbeiführt. Die »vollständige Atmung«, vielfach auch als Yogi-Atmung bezeichnet, kann sowohl als einfache Atemübung als auch meditativ kombiniert durchgeführt werden. Diese Yogi-Atmung kann nach einiger Zeit zur normalen Atmung für den Alltag werden.

Alles, was du für die Yogi-Atmung brauchst, hast du stets bei dir und daher kannst du sie in jeder Situation anwenden und ausführen. Bedenke dabei, dass Atmen mehr ist als nur reines Luftholen; Atmen bedeutet auch feinstoffliche Energieaufnahme. Wer richtig atmet, nimmt beim Einatmen Prana, die lebenserhaltende Energie, auf. Um sich energetisch stets wohl zu fühlen, ist es vorteilhaft, diese Prana-Atmung gezielt durchzuführen. Du kannst dein energetisches Niveau selbst bestimmen und kontrollieren.

Setze dich bequem auf einen Stuhl, lege deine rechte Hand unmittelbar unterhalb des Solarplexus, des Nabelzentrums, auf den Bauch und konzentriere dich auf deine Atmung. Atme ohne Pause tief ein und aus, ohne auf störende Einflüsse zu achten. Lasse zunächst in dir eine Schwingung der Ruhe und Gelassenheit entstehen, lasse das Außen einfach los, schließe die Augen und sei ganz bewusst. Und nun richte deine Aufmerksamkeit nach innen. Konzentriere die Vielfalt deiner Gedanken auf einen Punkt und beobachte weiterhin deinen Atem. Nichts verändern, einfach nur beobachten. Während du deinen Atem beobachtest, lasse ihn behutsam tiefer werden. Dein Atem fließt ruhig und gleichmäßig. Du fühlst dich wohl.

Und nun bestimme die Qualität deines Atems. Atme ganz bewusst Ruhe und Gelassenheit ein und spüre, wie sich wunderbares Wohlgefühl in deinem Körper ausbreitet. Lasse dich vertrauensvoll hineinsinken in die allumfassende Ordnung und Harmonie.

Wende diese Atemübung morgens wie abends täglich an, das Ein- und Ausatmen sollten dabei je zwanzigmal wiederholt werden. Erfülle deine Partnerschaft dabei in Gedanken mit Liebe und Harmonie.

Mithilfe der Atemübungen kannst du an deinem Selbstbewusstsein arbeiten. Stelle dir vor, wie du Selbstsicherheit einatmest und deine Aura damit stärkst. Alle negativen Gedanken und Gefühle, die du deinem Partner gegenüber hast, atmest du dagegen aus.

Verletze bei telepathischen Experimenten nicht die ethischen Grundregeln, auch nicht deinem Partner gegenüber, sogar dann nicht, wenn er es dir erlauben sollte, da man solche Aktivitäten in der Aura erkennen kann. Feinfühlige oder aurasichtige Menschen wenden sich von dir ab und solche unerlaubten Eingriffe in die Persönlichkeit des anderen gehen in den Bereich der Magie. Gedanken und Gefühle können unbewusst von jedem wahrgenommen werden und viele feinfühlige Menschen erkennen dies sofort.

Damit du deine meditativen Fähigkeiten gezielt entwickeln kannst und gleichzeitig lernst, mit den feinstofflichen, spirituellen Energien in deinem Körper besser umzugehen, solltest du dir ein mentales Fitness-Programm zurechtlegen. Diese Übungen steigern einerseits deine Entspannungsfähigkeit und gleichzeitig lehren sie dich, spirituelle Energie zu lenken und zu leiten. Worauf es bei diesen Übungen ankommt, ist, die verschiedenen Energien in den Chakren bewusst wahrzunehmen und zu steuern.

Die Chakren

Die Chakren sind die Zentren subtiler oder feinstofflicher Energie im Energiekörper des Menschen.

Entlang des durch die Wirbelsäule aufsteigenden Hauptkanals feinstofflicher Energie (der so genannten Sushumna) liegen die sieben Haupt-Chakren, wobei sich die ersten sechs innerhalb des grobstofflichen Körpers befinden, das siebte sitzt außerhalb von diesem über dem Scheitelpunkt des Kopfes.

Die Chakren sind Punkte, an denen Seelisches und Körperliches ineinander übergehen und sich durchdringen; zwar besitzen sie Entsprechungen auf der grobstofflichen, körperlichen

Ebene, sind mit diesen jedoch nicht identisch – sie sammeln, transformieren und verteilen die Energie, von der sie durchströmt werden. Die energetische Wirkungsweise der Chakren manifestiert sich also in drei Schritten: Sie nehmen aus den feinstofflichen Energiekörpern des Menschen, aus seiner Umgebung und aus dem Kosmos Lebensenergien auf, transformieren sie in Frequenzen, die von den verschiedensten Bereichen des psychischen und feinstofflichen Körpers für ihre Erhaltung oder ihre Entwicklung benötigt werden, und geben sie wiederum über die Energiekanäle an diese weiter. Darüber hinaus strahlen sie Energien in die Umgebung aus. Über dieses Energiesystem tritt der Mensch in einen Austausch mit den Kräften, die auf den verschiedenen Seinsebenen in seiner Umwelt, im Universum und an der Basis der Schöpfung wirksam sind.

Es gibt Menschen, die die Begabung besitzen, den Astralkörper anderer Menschen wahrzunehmen; sie beschreiben die Chakren als »Lotusblüten« mit unterschiedlich vielen Blütenblättern, weshalb diese auf Abbildungen traditionellerweise auch in Form von Blüten dargestellt werden. Diese Lotusblüten machen kreisende Bewegungen, wodurch der Eindruck eines wirbelnden Feuerrades entsteht; daher auch die Bezeichnung »Chakra«.

Durch spezielle Übungen, wie die Chakren-Meditation, wird die Kundalinikraft erweckt, eine Kraft, die am unteren Ende der Wirbelsäule ruht und, wenn wachgerufen, vom ersten, untersten Haupt-Chakra, ein Chakra nach dem anderen aktivierend, zum siebten, obersten aufsteigt.

Die Chakren werden auch als Zentren des Bewusstseins bezeichnet, denn durch die Aktivierung jedes einzelnen Chakras erfährt man besondere Empfindungen, die durch verschiedene Symbole (Formen, Farben, Tiersymbole, Gottheiten usw.) dargestellt werden.

Die Meditation

Allgemeine Meditationsvorbereitung:
Setze dich bequem auf einen Stuhl, dabei spielt es keine Rolle, wo du dich gerade befindest. Du kannst alle diese Meditationen während einer Bahnfahrt, im Bus oder auch im Flugzeug genauso gut durchführen wie bei einem Kaffeehausbesuch, in einem Wartezimmer, während einer Arbeitspause im Büro oder wo immer du dich gerade aufhältst. Wichtig ist nur, dass du dich fünf bis zehn Minuten lang ungestört auf deinen Atem und dein Chakra konzentrieren kannst. Wenn du genug Zeit hast, ist natürlich ein ungestörter Platz in deiner Wohnung den oben genannten Orten vorzuziehen. Vor allem am Anfang solltest du einen ruhigen Platz wählen, da du dich an den Ablauf der Übungen erst gewöhnen musst.

Sitze ganz ruhig und bequem und konzentriere dich auf deinen Atem. Atme tief ein und aus. Dein Rücken sollte dabei möglichst gerade durchgestreckt sein.

Meditation:
Entspanne deinen ganzen Körper, lasse alle deine Sorgen, Ängste und sonstigen Gefühle und Gedanken los. Fühle, wie du ganz im Hier und Jetzt bist. Konzentriere dich völlig auf deinen Atem und spüre, wie sich der Emotional- und Mentalkörper beruhigen und du ganz frei von jeglichen Emotionen wirst.

Verlagere nach einigen Minuten deine Aufmerksamkeit auf das jeweilige Chakra und atme tief und kräftig durch dieses Chakra ein und aus. Mit jedem Atemzug spürst du, wie die Energie in diesem Chakra zunimmt.

Visualisiere nun eine Lichtkugel, die Wärme, Harmonie und Liebe ausstrahlt, und spüre, wie diese immer heller und intensiver strahlt. Behalte diese Vorstellung einige Minuten lang bei, bis du das Gefühl hast, du kannst sie auch klar vor deinem inneren Auge sehen. Bleib mit deinem Bewusstsein in dieser Lichtkugel, spüre, wie die Energie des Chakras den ganzen Körper durchstrahlt und du selbst zu diesem Energieball wirst und du mit dem transzendenten Allbewusstsein, der göttlichen Liebe, verbunden bist. Fühle, wie du mit deinen verschiedenen Wesenszügen eins wirst und du ganz dieses harmonische, lichtvolle Bewusstsein bist.

Wende diese Anleitungen für jede einzelne Chakra-Meditation an. Nimm dir für die einzelnen Energiezentren mindestens zehn, besser noch fünfzehn Minuten Zeit.

Versuche während der Meditation, die Energien des jeweiligen Chakras ganz bewusst wahrzunehmen, und achte darauf, ob du Energieblockaden entdeckst. Diese äußern sich als energetische Kältezonen.

Um solche Energieblockaden zu lokalisieren, kannst du vor und nach der Meditation mit deiner rechten Hand in einer Entfernung von zehn bis fünfzehn Zentimetern durch »Abtasten« die energetische Intensität überprüfen. Du wirst merken, dass nach einiger Übung die Energie in den Chakren nach der Meditation wesentlich gleichmäßiger und intensiver strömt. Schon nach einigen Wochen wirst du erkennen, dass deine Zufriedenheit und Ausgeglichenheit sowie die Fähigkeit zu harmonischem Denken und Fühlen deutlich zunehmen.

Andererseits wirst du aber auch die Erfahrung machen, dass du die Energien, die auf dich einen störenden Einfluss ausüben, viel früher und viel intensiver bemerkst als vorher. Dabei mag der Eindruck entstehen, dass auf Grund der Meditation deine negativen Empfindungen zugenommen hätten. Zutreffend ist jedoch das Gegenteil, dass du nämlich sensibler geworden bist und sich dein energetisches Wahrnehmungsvermögen gesteigert hat. Diese gesteigerte energetische Sensibilität ist eine wichtige Voraussetzung für den Umgang mit den feinstofflichen Energien in der Partnerschaft.

Die Wurzel-Chakra-Meditation

Die Lösung von niedrigen Energien
ermöglicht das Wachstum in die Höhe.
Paul Zierhofer

Das erste Chakra, das *Wurzel-Chakra* oder *Muladhara-Chakra*, liegt am unteren Ende der Wirbelsäule; durch dieses Chakra werden feinstoffliche Energien von der Erde, aber auch aus dem Kosmos aufgenommen. Die Energien, die hier fließen, symbolisieren Erdverbundenheit, Festigkeit und Standhaftigkeit und fördern diese Eigenschaften. Darüber hinaus ist dieses Chakra für deine spirituelle Entwicklung von großer Bedeutung, da das Wurzel-Chakra der Sitz der Kundalini-Kraft ist, die, wenn sie erweckt wird, eine integrierende Funktion in den Beziehungen der Chakren untereinander erfüllt.

Bei der Wurzel-Chakra-Meditation solltest du vor allem die emotionale und mentale Schwingung dieses Chakras wahrnehmen und lernen, diese zu aktivieren.

Beim Einatmen spürst du, wie die Luft und das eingeatmete Prana durch die Lunge hindurch bis zum Wurzel-Chakra dringen. Du spürst, wie durch das Ein- und Ausatmen dieses Chakra zu vibrieren beginnt. Du spürst, wie es sich aktiviert, und nimmst diese Energie wahr. Lasse dann dein Bewusstsein bis an die Basis der Wirbelsäule hinuntergleiten, bis du dich mit deinem Bewusstsein ganz in diesem Chakra befindest.

Hast du dein Bewusstsein im Wurzel-Chakra zentriert, wirst du tief greifende Veränderungen bemerken können. Bei manchen werden bildhafte Vorstellungen mit betont erdverbundenen Gefühlen auftauchen. Diese Vorstellungen können sich auf der Partnerschaftsebene auf Gefühle der Sicherheit und Geborgenheit beziehen. Sie werden aber fast immer von den Dingen geprägt sein, die dir besonders wichtig erscheinen und dir Selbstbewusstsein im Umgang mit anderen Menschen verleihen. Stelle dir vor, wie du deinen Partner umarmst, liebkost, streichelst, küsst und wie ihr eure feinstofflichen Energien austauscht und vereinigt.

Nimm dir möglichst regelmäßig für diese Meditation Zeit. Nachdem du diese Meditation einige Zeit praktiziert hast, wirst du die vielfältigen, erdverbundenen Beziehungen und Wesensmerkmale deines Charakters erkennen und ein wesentlich besseres und umfassenderes Bild von dir selbst erhalten.

Das Wurzel-Chakra ist maßgeblich an der feinstofflichen Energieverteilung beteiligt und beeinflusst auch das menschliche Immunsystem. Störungen in diesem Chakra sind verantwortlich für Unsicherheit, Hemmungen und Schüchternheit. Über- oder Unterfunktion verursachen übertriebene Ängste gegenüber dem anderen Geschlecht sowie mangelnde Selbstsicherheit.

Wenn du die Wurzel-Chakra-Meditation regelmäßig durchführst, werden sich viele vorhandene Spannungen und Blockaden mit der Zeit lösen und dein körperliches und geistiges Wohlbefinden steigert sich.

Die Sexual-Chakra-Meditation

Erfülle deinen Geist mit Freude und Harmonie,
und deine unteren Bedürfnisse werden sublimiert.
Alice A. Bailey

Im *Sexual-Chakra* oder *Svadhisthana-Chakra* befinden sich die Energien an den Stellen, die beim Mann die Männlichkeit und bei der Frau die Weiblichkeit kennzeichnen. Hier sind aber auch die Kreativität und die Ästhetik beheimatet. Dieses Chakra weist bei vielen Menschen Blockaden auf, die entweder aus der Kindheit stammen oder sich in der Pubertät zu manifestieren begonnen haben. Alle Tabus finden sich hier als Energieblockaden wieder, die die Energie im feinstofflichen Körper daran hindern, frei zu fließen.

Das Sexual-Chakra liegt dicht über den Geschlechtsorganen und ist bei den meisten Menschen aktiv und mit mehr oder weniger ausgeprägten Energieblockaden behaftet. Wer seine Identität als Mann oder Frau nicht richtig entfaltet, weist in diesem Chakra Energiestörungen auf, die sich teilweise auf benachbarte Chakren übertragen.

Eine Energieblockade bewirkt jedoch nie ein vollständiges Versiegen des Energieflusses, sondern es werden nur bestimmte Energiefrequenzen eines speziellen Chakras gestört. Vielfach bewirkt eine Störung – dies gilt ganz besonders für das Sexual-Chakra – eine gehemmte Einstellung zur Sexualität, was sogar zu Potenzschwierigkeiten führen kann. Eine solche Frequenzänderung kann aber auch Ausdruck eines ungezügelten, gierigen und besitzergreifenden Sexualverhaltens sein, während ein stark auf Resonanz aufbauendes Sexualverhalten deutlich kräftige und harmonische Schwingungen zeigt.

Wer Schwierigkeiten im Umgang mit dem anderen Geschlecht

hat, wem es schwer fällt, Sympathie als Mann oder Frau zu erringen, der wird die Ursachen jeweils in solchen Frequenzveränderungen im Bereich des Sexual-Chakras finden. Da dieses Chakra bei fast allen Menschen geöffnet und aktiv ist, ist auch die Wahrnehmungsfähigkeit für Ausstrahlungen aus diesem Chakra überdurchschnittlich entwickelt. Interessant ist in diesem Zusammenhang, dass Menschen, die ihr Sexualpotenzial nicht voll ausnützen, meist eine sexuell ansprechendere Ausstrahlung besitzen als jene, die Sexualität unterdrücken oder zu stark ausleben. Ähnlich wie beim Essen sollte man sich auch hier seinen Appetit bewahren. Es besteht die Gefahr, dass zu viel Energie abgegeben wird.

Die Solarplexus-Chakra-Meditation

Wenn du dich
an deinen schönen Gefühlen freust,
lösen sich deine negativen Gefühle,
Glück und Harmonie sind die Folge.

M. Eschenbach

Durch die *Solarplexus-* oder *Manipura-Chakra-Meditation* hast du Gelegenheit, deine Erfahrung über die bewusste Wahrnehmung hinaus zu erweitern. Du trittst dabei mit deinem spirituellen Selbst in Verbindung und versetzt dich in die Lage, mit anderen Menschen eine tiefere Beziehung einzugehen. Durch die bewusste Verbindung mit den Energien dieses Chakras kannst du egoistische Bestrebungen überwinden und eine ganzheitlich orientierte Lebenseinstellung entwickeln. Das Nabel-Chakra, das oft auch als Sonnengeflecht bezeichnet wird, ist der Sitz der Gefühle. Zwischenmenschliche Beziehungen, die sehr gefühlsintensiv sind, sowie emotionale Sympathie und Antipathie werden von diesem Zentrum aus gesteuert. Vertrauen, das auf Gefühlen basiert, alle Gemütsbewegungen, wie Liebe, Schmerz, Angst, Wut und Zufriedenheit, entstehen im Sonnengeflecht. Liebe beispielsweise erzeugt weiche, lang gezogene Schwingungen, während Wut kurze, gezackte Wellen hervorbringt. Viele Schwingungen, die psychische Probleme entstehen lassen, kommen aus diesem Gefühlszentrum. Die bewusste Wahrnehmung dieser Schwingungen ist daher besonders für eine Liebesbeziehung von ausschlaggebender Bedeutung.

Alle diese Schwingungen im Sonnengeflecht wirken sich prägend auf den Charakter, auf die Persönlichkeit und deren Erscheinung aus. Störungen im Energiekreislauf des Sonnengeflechts führen dazu, dass der Betroffene in seiner Persönlichkeit geschwächt und in seiner Selbstentfaltung behindert ist.

Die Herz-Chakra-Meditation

Gib dich nur der Liebe hin,
Liebe ist das Gefühl,
das dich in deinem Leben
am glücklichsten macht.
Wolfgang Pumpernig

Das *Herz-Chakra* oder *Anahata-Chakra*, das vierte geistige Zentrum, bestimmt die allgemeine menschliche Lebenseinstellung. Es kontrolliert den Gefühlsbereich. Je nach Entwicklungsstadium findet sich in ihm das ganze Spektrum von egoistischer bis selbstloser Liebe wieder. Ist bereits eine relativ hohe Stufe dieser Entwicklung erreicht, strahlt es Wärme, Nächstenliebe und Vertrauen aus und öffnet die Herzen unserer Mitmenschen.

Das Herz-Chakra ermöglicht es uns, die Ausstrahlung anderer wahrzunehmen und zu erkennen, ob ihre geäußerten Gefühle und Gedanken ehrlich gemeint sind. Eine Blockierung des Herz-Chakras führt dazu, dass du dich sehr leicht verfolgt und voller Selbstmitleid fühlst.

Leadbeater* schreibt: »Die Erweckung des vierten Zentrums verlieh dem Menschen die Fähigkeit, die Schwingungen anderer astraler Wesenheiten so weit zu erfassen und mit ihnen zu empfinden, dass er ihre Gefühle wenigstens zum Teil instinktiv verstehen kann.«

Je weiter das Herz-Chakra geöffnet ist, desto sensibler nehmen wir die Energiefelder von Menschen, Lebewesen, der Natur und Gegenständen wahr.

Ein geöffnetes Herz-Chakra verstärkt die Fähigkeit, die Energiefelder anderer Menschen positiv zu beeinflussen, was für die Chakren-Heilung von außerordentlicher Bedeutung ist.

Die Thymusdrüse, die direkt oberhalb des Herz-Chakras liegt, ist maßgeblich für das Immunsystem des Menschen verantwortlich, sodass eine Blockierung des Herz-Chakras stets negative Auswirkungen auf das Immunsystem hat. Die Qualität der verschiedensten Emotionen wird vom Herz-Chakra beeinflusst; finden Gefühle wie Wut, Zorn und Angst keinen freien Energiefluss, können sie nicht nach außen verpuffen und reproduzieren sich so ständig aufs Neue. Dies hat zur Folge, dass immer mehr Energie für ihre Unterdrückung aufgewendet werden muss.

Menschen mit einer Herz-Chakra-Unterfunktion sind anderen gegenüber gehemmt und vermeiden direkten Blickkon-

---

* Charles Webster Leadbeater (1847–1934), einer der großen »ideologischen Führer« der »Theosophischen Gesellschaft«. Das Zitat stammt vermutlich aus seinem Standardwerk: »Die Chakras: eine Studie über die Kraftzentren im menschlichen Ätherkörper«.

takt. Äußerlich macht sich dies durch hängende Schultern bemerkbar, auch die Augen sind meist zu Boden gerichtet. Im Verhalten äußert sich solch eine Unterfunktion in mangelnder Sensibilität, Kontaktarmut und Taktlosigkeit, die oft gar nicht bemerkt wird.

Durch die Herz-Chakra-Meditation, bei der Herz- und Stirn-Chakra zusammenwirken, lassen sich Beziehungsprobleme besonders gut behandeln. Da das Herz-Chakra sozusagen die Schaltstelle für die Energien ist, die zwischen dem feinstofflichen und dem physischen Körper ausgetauscht werden, sind Ungleichgewichte an dieser Stelle auf beiden Ebenen bemerkbar und üben demzufolge einen negativen Einfluss auf dein gesamtes Wesen aus. Wenn du über dieses Chakra meditierst, wirst du spüren, wie die Energie der bedingungslosen Liebe von diesem Zentrum auf den ganzen Körper ausstrahlt und jede Zelle mit dieser Energie durchtränkt.

Während dieser Energiestrom der Liebe aus deinem Herz-Chakra ausströmt, lenkst du deine Konzentration auf dein drittes Auge, dein Stirn-Chakra, und versuchst von dort aus, die Energie der Liebe in die verschiedenen Körperregionen zu verteilen.

Diese Liebesenergien haben eine heilende Wirkung auf Menschen, Tiere und Pflanzen. Beginne, diese Energien deinen Augen zu schicken, und durchtränke sie damit. Du wirst sehen, deine Augen erhalten einen viel klareren und liebevolleren Blick. Sende die Liebesenergie auch deinen Ohren, deiner Nase, dem Geruchssinn und deinem Verstand, denn so wirkt sich die Meditation auf all deine Sinne aus: Du kannst dein Sehen, Hören, Riechen, Denken und schließlich auch Fühlen positiv ausrichten.

Die Hals-Chakra-Meditation

Mut und Ausdauer
sind gedankliche Energien,
die wir neben Liebe und Lebensfreude
verwirklichen sollten.
Keith Sherwood

Das *Hals-Chakra*, auch *Kehlkopf-* oder *Vishuddha-Chakra* oder *Kommunikationszentrum* genannt, erstreckt sich vom Halsansatz bis zum Adamsapfel. Die Aktivierung des Herz-Chakras führt zu einer bewussten Wahrnehmung der Astralsphäre, die des Hals-Chakras eröffnet den Zugang zur Mentalsphäre, was dazu führt, dass die inneren feinstofflichen Welten mit mehr Verständnis und innerer Bereitschaft wahrgenommen werden. Ist das Herz-Chakra Mittler zwischen der feinstofflichen und der physischen Welt, so ist das Hals-Chakra das Tor, das den Eintritt in die feinstoffliche, die spirituelle Welt, mit der ihr eigenen Realität aufstößt. Das Hals-Chakra beeinflusst die Fähigkeit des Menschen, sich auszudrücken, die sprachliche und kommunikative Dimension seines Wesens sowie die entsprechende Artikulation. Eine Blockierung dieses Chakras äußert sich in einer eindimensionalen Kommunikationsstruktur – nur verstandesbetonte oder nur emotionale Orientierung –, einer unklaren Selbstdarstellung und in Schwierigkeiten beim Beziehen klarer Standpunkte. Sind die Energieströme durch äußere Einflüsse gestört, hat der Betreffende das Gefühl, etwas schnüre ihm die Kehle zusammen. »Es hat ihm die Sprache verschlagen; jetzt bleibt ihm das Wort im Halse stecken«, sind umgangssprachliche Redewendungen für einen solchen äußeren Schock, der auf feinstoffliche Schwingungen zurückzuführen ist.

Wenn die spirituellen Energien vom Wurzel-Chakra bis über

das Hals-Chakra emporsteigen, so ist das meistens bereits ein Zeichen von persönlicher Integrität und charakterlicher Standfestigkeit. Niedrige Schwingungen, wie Wut, Zorn, Angst, Rache und Vergeltungssucht, können, wenn sie durch das Hals-Chakra fließen, in höherwertige Energiefrequenzen, wie Freude, Zufriedenheit und Harmonie, umgewandelt werden.

Die Aktivierung des Hals-Chakras hat auch eine angstbefreiende Wirkung und führt dazu, dass das spirituelle Selbst stärker in den Vordergrund treten kann. Die Wünsche der Seele beginnen sich zu artikulieren. Wenn das fünfte Chakra verstärkt aktiv wird, ist dies immer eine Zeit der charakterlichen Festigung, aber auch des Umbruchs und der Neuorientierung.

Das Hals-Chakra ist direkt mit dem Genick-Chakra verbunden. In der Literatur wird meist nur von einem einzigen Chakra gesprochen, das sich sowohl nach vorne als auch nach hinten öffnet.

Bei der Hals-Chakra-Meditation wird sich in dir das Gefühl ausbreiten, dass dein Wesen furchtlos, edel, mutig, tatkräftig, schaffensfreudig und kreativ wird, und du wirst spüren, wie sich dein Geist völlig frei und unbehindert fühlt, frei von allen Schranken, Zwängen und allen seelischen Belastungen.

Die Stirn-Chakra-Meditation

Je größer die Persönlichkeit,
umso freier die Seele.
Japanisches Sprichwort

Das *Stirn-Chakra*, geistiges oder auch *Ajna-Chakra* oder *drittes Auge* genannt, ist der Sitz der Intuition. Es liegt zwischen den Augenbrauen. Über das dritte Auge werden die heilenden Energien bei der Chakren-Heilung ausgesandt. Wird dieses sechste Zentrum erweckt, gelangt der Betreffende in das Stadium, in dem er in der Lage ist, durch mentale Projektion hellsichtig und telepathisch aktiv zu sein, und er kann sich neue Realitäten auf der spirituellen Ebene schaffen, die sich in der Folge auf der physischen Ebene verwirklichen. Wenn das dritte Auge geöffnet ist, dann verschmelzen Bewusstsein und Unterbewusstsein, und je intensiver du im sechsten Chakra zentriert bist, umso vollkommener findet diese Verschmelzung statt.

Das dritte Auge ist direkt mit dem Sehzentrum im weiteren Sinn verbunden. Denn hier ist nicht nur die Fähigkeit anzusiedeln, mit den Augen, also physisch, zu sehen, sondern auch das intuitive Sehen, das Wahrnehmen von Verborgenem, das Hellsehen sowie andere paranormale Seh- und Wahrnehmungsfähigkeiten sind in diesem Zentrum zu lokalisieren. Besonders bei der Fernheilung spielt das dritte Auge eine wichtige Rolle, da es die Energien, die vom Herz-Chakra kommen, auf andere Personen übertragen kann.

Die Stirn-Chakra-Meditation kann zu einem Freude bringenden Geschenk für jeden Menschen werden, denn durch das Stirn-Chakra werden die Energien in Freude transformiert. Wenn die Energien zu strömen beginnen, stellen sich Zufriedenheit und Harmonie sofort ein. Dem dritten Auge ist die Hirnanhangdrüse zugeordnet, die vor allem Wachstums- und Stoffwechselprozesse beeinflusst.

Wenn du schon sehr stark im dritten Auge zentriert bist, wird die Kluft zwischen Bewusstsein und Unterbewusstsein emporsteigen, die oft auf verdrängte Probleme hindeutet. Lasse diese Bilder ruhig an deinem geistigen Auge vorbeiziehen. Nimm eine Analyse dieser störenden Einwirkung nie während der Meditation vor, denn sie kann auch stark vom jeweiligen Schwingungszustand abhängig sein. Sollten während der meditativen Übung problematische Bilder erscheinen, so weist dies auch auf eine unausgewogene gedankliche Verfassung hin. Eine Erklärung für dieses Phänomen findet sich in der Tatsache, dass innere Bilder durch andere Gedanken und feinstoffliche Energien gelöst werden können. Wenn jemand in deiner Nähe dir positive Gedanken sendet, werden sich die verbildlichten negativen Vorstellungen bald lösen. Auch feinstoffliche Energien, wie z.B. das homöopathische Arzneimittel Arnica D 200 oder Ignatia D 200 (in diesen Verdünnungen ist Arnica bzw. Ignatia chemisch nicht mehr feststellbar)* bekämpfen Bilder, die unser Unterbewusstsein belasten.

Die Scheitel-Chakra-Meditation

Daher sage ich euch:
Was immer ihr ersehnt, wenn ihr betet, glaubt,
dass ihr es schon erhaltet, und ihr werdet es haben.
Matthäus (11:24)

Das *Scheitel-Chakra*, auch *Kronen-* oder *Sahasrara-Chakra* oder *»Tausendblättriger Lotos«* genannt, ist das siebente Chakra und es befindet sich direkt am Scheitel des Kopfes. Wenn die spirituelle Entwicklung eines Menschen so weit fortgeschritten ist, dass das Scheitel-Chakra sich zu entfalten beginnt, wird die fundamentale Existenzangst, die Angst vor dem Tod, transformiert. Diese hemmt, wie alle Ängste, den freien Energiefluss. Die Überwindung sämtlicher Energieblockaden lässt das universelle Kraftfeld, das mit Freude, Liebe, Harmonie und Vereintsein erfüllt ist, zur grenzenlosen Wirkung in uns kommen. Erreicht wird diese er-

* Diese hohen Potenzen erfordern ärztliche Begleitung.
Anm. des Verlages

strebenswerte Endstufe, wenn alle sieben Chakren gleichmäßig und ohne Hindernisse tätig werden können; der Energiekreislauf im Menschen beginnt sich dann optimal zu entwickeln und die Integration mit den entsprechenden kosmischen Schwingungsebenen schreitet stetig voran. Im Idealfall wird dabei ein bestimmter geistiger Standard überschritten und ein überdurchschnittliches Niveau erlangt, was eine Umpolung des ganzen Menschen zur Folge hat. Die Energien des Kosmos können in den menschlichen Energiekreislauf einströmen und werden schließlich über das Scheitel-Chakra wieder an die Umgebung ausgestrahlt.

Die Scheitel-Chakra-Meditation aktiviert den Energiefluss der verschiedenen Chakren in besonderem Maße, sodass ein harmonischer Zustand, der sich durch eine Balance aller Chakren auszeichnet, hergestellt werden kann. Die In-Gang-Setzung des Scheitel-Chakras, das ja auch Kronen-Chakra genannt wird, stellt gewissermaßen die Krönung der geistigen Entwicklung dar. Hier ist das *»Ich bin«* verankert, das Licht, Liebe, Wahrheit, Frieden und Hoffnung symbolisiert. Es stellt die Verbindung zur Kausalebene* und allen Kraftfeldern des Universums her, mit denen es in einem intensiven Energieaustausch steht. Liebe, Heilung und Licht sind die Qualitäten, die vom Scheitel-Chakra ausgesandt werden.

---

* Das *Absolute* ist noch jenseits des »Kausalitäts-Prinzips« von Ursache und Wirkung. Es ist das, was die Inder »Nirvana« nennen, die Chinesen das *»Dao«*, im Westen sprechen die Mystiker häufig von der »formlosen Leere«. Es ist das absolute *Sein*, in dem es keine Schöpfung gibt, keinen Raum, keine Zeit, keine Ursache und keine Wirkung. Wenn der »Urknall der Schöpfung« beginnt, dann sind wir auf der »Kausalebene«: Jede Ursache hat eine Wirkung (die Inder sprechen von »Karma«), Zeit und Evolution beginnen im sich entfaltenden Raum. Die Kausalebene ist die erste Schöpfungsebene. Weitere (grob strukturierte) Ebenen sind: die subtile Ebene, die psychische Ebene, die mentale Ebene, die emotionale Ebene, die physische Ebene.

Wenn du schon etwas im Scheitel-Chakra zentriert bist, kannst du mit einiger Ausdauer die Kluft zwischen deinen Bewusstseinsschichten beseitigen. In diesem Zustand können auch Bilder aus der Kausalebene emporsteigen. Wenn diese Bilder aus der Kausalebene stammen, deuten sie oft Chancen für deine persönliche geistige Entwicklung an. Lass diese Bilder ruhig an deinem geistigen Auge vorbeiziehen. Analysiere sie nicht während der Meditation, sondern sei dankbar dafür, dass du diese Bilder erhalten durftest.

Diese Meditation stellt für sich einen geschlossenen Zyklus dar, aber es ist auch möglich, alle diese Chakren-Meditationen zu einer einzigen zu kombinieren, wobei du mit dem Wurzel-Chakra beginnst und alle Chakren bis hinauf zum Scheitel-Chakra mit einbeziehst. Nimm dabei die vorangegangene Energie in die nächste Stufe mit.

Beenden der Meditation

Bevor du die Meditation beendest, sage dir in Gedanken vor: »Jedes Mal, wenn ich eine Chakra-Meditation durchführe, erhöht sich die Qualität der Energien, die durch dieses Chakra fließen, von Mal zu Mal kann ich diese Energiequellen deutlicher erkennen und effektiver mit ihnen umgehen. Ich öffne mich immer mehr und leichter der bedingungslosen Liebe und biete ihr in meinem Leben einen größeren Aktionsradius.«

Löse nun die Lichtkugel auf, die du zu Beginn visualisiert hast, indem du die Energie durch das jeweilige Chakra freisetzt.

Gehe anschließend wieder zur normalen Atmung über, zähle bis fünf und öffne dann die Augen. Du wirst dich jetzt ganz frisch, wie neugeboren fühlen.

Diese Übungen kannst du auch mit einem entsprechenden Text auf ein Tonband aufnehmen und dir dabei einen genauen Zeitplan vorgeben. Am Anfang jeder neuen, schöpferischen Arbeit stehen mangelnde Praxis und Ausdauer dem Erfolg entgegen. Wenn man dies jedoch von Anfang an berücksichtigt, kann man diese Hürde leichter überwinden.

Teil III

Wege zu einer gesunden Partnerschaft

Um bessere Partner zu finden,
muss ich besser werden.
Peter Horton

Voraussetzung für eine gesunde Partnerschaft ist, dass die Partner eine energetisch ausgeglichene Beziehung entwickeln, frei von egoistischen Einengungen und getragen von Selbst- und Partnerliebe.

Die körperliche Sexualität hat für das Zustandekommen der meisten Beziehungen nach wie vor einen sehr hohen Stellenwert. Der gesamte Energiekörper des Menschen ist von weiblicher und männlicher Energie durchdrungen. Welche Energie vorherrschend ist, wird dabei nicht nur vom jeweiligen Geschlecht bestimmt, sondern auch von der Entfaltung der jeweiligen Energie, was sich auch in der Charakterentwicklung ausdrückt. Sowohl Frauen wie auch Männer haben ein bestimmtes Ausmaß an gegengeschlechtlicher Energie in sich. Jeder Mann kann also die Gefühle der Frau über die eigenen weiblichen Energien wahrnehmen, was natürlich auch umgekehrt gilt.

Die taoistische Tradition bezeichnet diese beiden Energieformen als Yin- und Yang-Energie. Yin verkörpert die Weiblichkeit, Körper, Seele, Erde, Mond, Wasser, Nacht, kalte Dunkelheit und Kontradiktion. Yang ist männlich, mental, Geist, Himmel, Sonne, Tag, Feuer, Hitze, Sonnenlicht, Ausdehnung.

Im Tantra geht man davon aus, dass zwei Menschen durch die sexuelle Vereinigung die Barrieren niederreißen können, die in ihnen das Gefühl der Isolation verursachen, dass sie ihr Getrenntsein überwinden und die Einheit mit sich, dem Partner und dem kosmischen Energiefeld herstellen.

Wilhelm Reich, ein Psychoanalytiker der Wiener Schule, machte zu Beginn dieses Jahrhunderts die Entdeckung, dass der Energiefluss durch Blockaden gehemmt werden kann und so psychische Störungen verursacht werden, die sich dann später sogar physisch manifestieren können. Zusätzlich fand er heraus, dass die Orgasmusfähigkeit mit der emotionalen Gesundheit zusammenhängt. Er maß dem Orgasmus bereits eine größere Bedeutung bei als der bloßen Ejakulation des Samens beim Mann.

Ein Neurotiker, der die Energiestrahlung aus dem Sexual-Chakra blockiert, wird unfähig zum Orgasmus, denn seine Angst behindert ihn dabei, sich voll und ganz hinzugeben. Bei der genitalen Ejakulation strömt die Energie direkt aus dem Sexual-Chakra nach außen, der Energiestrom im dritten und im vierten Chakra wird unterbrochen.

Ein gesunder Orgasmus dagegen wirkt sich durch eine Energietransformation im Sexual-Chakra aus und ruft eine Resonanz im Nabel- und im Herz-Chakra hervor, die bis zum Scheitel-Chakra empordringt. Aber nicht nur im Tantra wird die Freisetzung sexueller Energie als wesentlicher Bestandteil der Ganzheitserfahrung bewertet. Auch Alice A. Bailey* vertritt diesen Standpunkt.

* Alice A. Bailey (1880–1949) war Amerikanerin und eine Anhängerin der Theosophie von H. P. Blavatsky. Zu der theosophischen Gesellschaft gehörten früher so bekannte Lehrer wie Rudolf Steiner oder J. Krishnamurti. Alice A. Bailey gründete später eine eigene Gesellschaft, die sich »Arkanschule« nannte.

Damit ist die sexuelle Komponente der Partnerschaft esoterisch gesehen weitaus umfassender und enthält nicht nur den Reiz der Leidenschaft und des Verliebtseins.

Intuitive Liebe bedeutet, die Beziehung zum geliebten Partner zu vertiefen und die spirituelle Dimension unseres Menschseins zu veredeln. Die Fähigkeit zur Hingabe ist dabei ein ganz wichtiger Schritt. Vertrauen ist in einer intuitiven Liebesbeziehung Voraussetzung, damit Gefühle und Gedanken offen und frei von Angst geäußert werden können.

Die intuitive Liebe bietet somit eine Basis, die beide Partner nicht nur heiler und ganz werden lässt, sondern auch die Möglichkeit eröffnet, eine Verbindung zu etablieren, die über dieses Leben hinaus von Bestand, Dauer und Sinn getragen ist.

Die Hingabe ist ein wesentlicher Faktor, den es zu erlernen gilt, denn sie ermöglicht es, dass die wahre sexuelle Intimität alle Schranken der Isolation überwindet. Die Angst ist nämlich das Werkzeug des Bewusstseins, um vollkommene Einheit zu verhindern. Sie bewirkt, dass sich der Mensch in sich verkriecht, sich zusammenzieht, und die daraus resultierende Kontradiktion macht Verschmelzung unmöglich. Ein völlig angstfreies Loslassen, ein Sich-Hineinfallenlassen, um die vollkommene sexuelle Einheit zu erreichen, das alles verkörpert Hingabe; sie spielt eine ganz bedeutende Rolle, sowohl in der zwischenmenschlichen Beziehung im Allgemeinen wie auch in der Sexualität im Besonderen.

Wenn die völlige Hingabe in der sexuellen Vereinigung erreicht wird, verwirklicht sich eine ganz neue Art von Ausstrahlung, die in der Intensität sowie auch in der Qualität ihren Ausdruck findet.

Wenn ein Mensch dieses Stadium erreicht hat, ist die intuitive Wahrnehmung, die Verwirklichung der intuitiven Liebe, weitgehend gelungen.

Reife Bedürfnisse

1. Der geistig reife Mensch hat die Bereitschaft, den anderen wirklich kennen zu lernen und zu respektieren, so wie er ist, mit all seinen Stärken und Schwächen.

2. Der geistig reife Mensch wünscht sich, durch die enge Verbindung zu seinem Partner zu wachsen, die eigenen Stärken und Schwächen zu entdecken, neue Bereiche des eigenen Seins zu entwickeln und mit dem Partner glücklich zu werden.

3. Der geistig reife Mensch wünscht sich einen Partner, dem er vertrauen und dem er sich anvertrauen kann, dem er seine Gedanken und Gefühle, aber auch seine Bedürfnisse und Sehnsüchte mitteilen kann. Jemanden, bei dem er sich anlehnen kann und der sich bei ihm anlehnt.

4. Der geistig reife Mensch sucht eine Partnerschaft, in der beide die Möglichkeit haben, ihre Individualität voll zu entwickeln und liebevoll miteinander zu leben.

5. Der geistig reife Mensch nimmt das Wachstum und die Entwicklung des anderen so wichtig wie seine eigene. Er ist bereit und fähig, auf den anderen einzugehen und für ihn da zu sein, ohne die eigene Individualität zu verleugnen oder zu beeinträchtigen.

6. Der geistig reife Mensch ist bereit, Verantwortung zu übernehmen, sowohl für das eigene Schicksal als auch für seinen Partner.

7. Der geistig reife Mensch weiß auch, dass keine Partnerschaft

für die Ewigkeit gedacht ist und jede daher eines Tages beendet sein wird. Aber er weiß, dass dadurch weder seine Verantwortung noch seine Liebe zum anderen beeinträchtigt wird, und so bleibt er dankbar für jeden Tag.

Der faire Streit

1. Erkenne auch im Streit den Ausdruck ihrer oder seiner Liebe und lasse auch dabei den anderen spüren, dass du ihn liebst.

2. Bevor du in eine Auseinandersetzung gehst, prüfe, ob du wirklich in der Liebe bist.

3. Überlege dir, was dich am anderen stört und warum es dich stört und auf welchen Mangel in dir es dich aufmerksam machen will.

4. Formuliere die Störung und ihre Auswirkung auf dich sowie das, was du dir als Abhilfe vorstellst, kurz, klar und für den anderen verständlich.

5. Vergewissere dich durch Nachfragen beim anderen, ob du klar und verständlich angekommen bist.

6. Danke dem anderen, dass er bereit ist, dir zuzuhören.

7. Frage den anderen, was er von deinem Vorschlag hält.

8. Lass dem anderen Zeit, darüber nachzudenken, ob er deinen Vorschlag annehmen kann.

9. Frage den anderen nach seiner Meinung und ob er eventuell einen Gegenvorschlag hat.

10. Wiederhole den Gegenvorschlag, um dem anderen zu zeigen, dass du ihn verstanden hast.

11. Achte darauf, dass keiner von beiden sich vor dem anderen rechtfertigen muss.

12. Bedanke dich für seinen Vorschlag oder dafür, dass er deinen Vorschlag angenommen hat und ihr beide damit ein Problem zwischen euch aus der Welt geschafft habt.

Liebesstile

Professor Hans Werner Bierhoff vom Fachbereich Psychologie der Universität Marburg ist durch Auswertung wissenschaftlicher Studien und durch selbst ausgeführte wissenschaftliche Interviews zu der Überzeugung gekommen, dass es sechs unterschiedliche Liebesstile zwischen Menschen gibt. Er unterscheidet daher voneinander:

1. **Eros** – direkte Anziehung durch eine andere Person, die sexuelles Interesse weckt.

2. **Ludus** – Spiel unter Umständen mit mehreren Partnern, ohne die Gefühle sehr ernst zu nehmen; es geht um Gegenwartserlebnisse.

3. **Storge** – Liebe als Folge einer engen Freundschaft, die nicht auf starken Gefühlen, sondern auf gleichen Interessen und Erfahrungen beruht.

4. **Mania** – besitzergreifende, vereinnahmende Liebe, die abhängig macht und exklusive Zuwendung verlangt, meist mit Eifersucht verbunden.

5. **Pragma** – hier steht im Vordergrund, zueinander zu passen, einander Bedürfnisse befriedigen zu können und sich aus Vernunftgründen zusammenzutun.

6. **Agape** – hier wird unter Liebe eine Beziehung der Selbstlosigkeit und der Pflichterfüllung in der Achtung des anderen verstanden.

Nach Bierhoffs Studien wirkt der Liebesstil Eros wachstumsfördernd auf die Partnerschaft ein; er bietet beste Voraussetzungen für eine gegenseitige Glücksbefriedigung. Ludus und Mania hingegen treten dann auf, wenn die Partner in ihrer Beziehung nicht sehr glücklich sind. Agape ist die höchste Stufe der Liebe.

Drei Schritte zu einer Form der Partnerschaft

1. Die notwendigen Aspekte vor der Ehe: Jeder Mensch besitzt seinem Wesen nach die Fähigkeit zur Partnerschaft. Nicht jeder Mensch aber kann ohne Vorbereitung eine Partnerschaft eingehen.

   Wie bist du auf Partnerschaft und Ehe vorbereitet worden? Weißt du, was durch eine Partnerschaft und Ehe auf dich zukommt? Wie stellst du dir deinen idealen Partner oder deine ideale Partnerin vor? Wie stellst du dir das Zusammenleben vor? Kennst du den Lebensplan deines Partners? Lässt sich eine Annäherung der Lebenspläne vor der Ehe erreichen?

2. Die notwendigen Aspekte innerhalb der Ehe: Nicht die Partnerschaft und Ehe ist gut, in der es keine Probleme gibt, sondern diejenige, in der die Partner in der Lage sind, mit den auftretenden Problemen und unterschiedlichen Auffassungen angemessen umzugehen.

   Nimmst du die Wünsche des Partners ernst? Welche gemeinsame oder unterschiedliche aktuelle Selbstverwirklichung in welchen Lebensbereichen hat für dich und deinen Partner eine besondere Bedeutung und führt oft zu »kleinen« Problemchen? Bist du in der Partnerschaft glücklich? Was tust du für deine Partnerschaft, um glücklich zu werden oder zu bleiben?

3. Die notwendigen Aspekte bei einer Trennung und Scheidung: Die Fähigkeit zur Trennung muss auch trainiert werden.

   Weißt du, welche Lebensbereiche bzw. welche gemeinsame oder unterschiedliche aktuelle Selbstverwirklichung deine partnerschaftliche Beziehung unmöglich machen? Kannst du grundlegend zwischen Sex, Sexualität und Liebe unterscheiden? Welchen Lebensplan hast du für die Zeit nach der Trennung und Scheidung? Was bedeutet das für dich, für deinen Partner, die Kinder, die Familien, die Umwelt und die Zukunft?

   Welche Möglichkeiten der Selbsthilfe und Therapie hast du bis jetzt in Anspruch genommen? Siehst du die Situation ehrlich und offen? Bringst du deine Meinung ehrlich zum

Ausdruck? Bist du bereit, deinem Partner Zeit zu geben und dir selbst Zeit zu nehmen, oder erwartest du, dass eine Änderung von einem Augenblick zum anderen erfolgt?

Erwartest du, dass der andere sich ändert, oder bist du selber zur Änderung bereit? Gibst du dir und deinem Partner eine Chance? Bist du während eines großen Konflikts deinem Partner treu? Hast du für eure partnerschaftlichen Probleme vor einer endgültigen »Entscheidung« die Hilfe von Fachleuten (Ärzten, Psychotherapeuten, Psychologen, Familientherapeuten, Juristen), von Angehörigen und Bekannten in Anspruch genommen?

Was würdest du machen, wenn dein Partner berufliche und finanzielle Probleme hätte? Würdest du da noch bei ihm bleiben? Was würde geschehen, wenn du oder ihr plötzlich mit dem Existenzminimum leben müsstet? Kannst du mit geschäftlichen Dingen und Dingen, die den Haushalt betreffen, auch ohne deinen Partner umgehen oder bist du auf ihn angewiesen?

Arbeitsblatt

Lieben kann man lernen

1. Was liebe ich an meiner Mutter, an meinem Vater?

   Was lehne ich ab an meiner Mutter, an meinem Vater?

2. Was mag ich an mir?

   Was lehne ich an mir ab?

   Warum liebe ich meinen Partner?

   Was liebe ich nicht an ihm?

3. Was finde ich liebenswert am anderen?

   Was hindert mich, andere zu lieben?

4. Was hindert mich daran, mich zu lieben?

   Was hindert mich daran, alles zu lieben?

5. Was liebe ich am Leben?

   Was mag ich überhaupt nicht?

   Warum nicht?

6. Will ich Liebe haben oder geben?

7. Was will ich von meinem Partner?

8. Welche gemeinsame Aufgabe verbindet mich mit meinem Partner?

Wie werde ich ein idealer Partner?

- Bin ich zärtlich?
- Bin ich treu?
- Bin ich eifersüchtig?
- Habe ich meinen Partner heute schon gelobt?
- Habe ich meinen Partner heute schon geküsst?
- Wie verhalte ich mich bei Streit?
- Gebe ich dem anderen, was er braucht oder was er haben will?
- Was ist Liebe für mich?

Nachwort

Wenn Sie unseren Ausführungen bis hierher gefolgt sind, haben Sie zweifellos erkannt, dass der Begriff »Liebe« viele Bedeutungen hat und Ausdruck unterschiedlichster Emotionen ist.

Es war uns deshalb nicht möglich, alle Bereiche, die mit Liebe zu tun haben, in diesem Buch zu erfassen. Aber wir glauben, alle Aspekte der Liebe berücksichtigt zu haben, die in der heutigen Zeit schnell zu Problemen werden können. Wir wollten uns aber nicht nur mit Problemen befassen, sondern den Schwerpunkt auf das Konstruktive legen – was uns hoffentlich gelungen ist. Der Intuition haben wir deshalb einen besonders hohen Stellenwert eingeräumt, weil wir – großteils aus eigener Erfahrung – der Auffassung sind, dass Liebe ohne Intuition zumeist zum Scheitern verurteilt ist. Oder etwas weniger krass ausgedrückt: Nur eine intuitive Liebe kann letztendlich eine erfüllende Liebe sein.

Mit dem einmaligen Lesen dieses Buches ist es allerdings nicht getan, denn es ist kein »Lesebuch«, sondern ein »Arbeitsbuch«, das Sie noch eine weite Strecke Ihres künftigen Lebens begleiten sollte. Dann nämlich wird dieses Buch, sofern Sie sich uns anvertrauen und es zu Ihrem »Liebes-Ratgeber« machen, dazu beitragen, Ihnen neue Wege der Liebe zu eröffnen, Ihnen Möglichkeiten aufzeigen, Ihr Leben in Liebe zu gestalten. Das bedeutet: Loslassen alter Erfahrungen und Aufbau einer inneren Sicherheit, eines Selbstbewusstseins – der Basis für Liebe überhaupt und insbesondere für eine auf Intuition aufbauende Liebe und Partnerschaft.

Wir haben uns bemüht, Sie Schritt für Schritt dazu zu bringen, sich selbst besser kennen zu lernen. Sie wissen jetzt genau, was Sie wollen, und haben gelernt, Ihre Gefühle zuzulassen.

Wir zeigen Ihnen, wie Sie Ihre Emotionen kennen lernen und vor allem auch zulassen, und wir haben auch das Phänomen Liebe ein wenig analysiert.

Alle Erkenntnisse, die Sie über sich und Ihre Wünsche gewinnen, helfen Ihnen, Ihr Leben zu verändern und es nach Ihren Vorstellungen zu gestalten. Dass Ihnen dies mithilfe dieses Buches gelingen möge, wünschen Ihnen von Herzen

die Autoren

Im Buchhandel und Internet finden Sie stets brand-aktuelle Themen, sowie zeitlose Wissensschätze von *Kurt Tepperwein!*

Folgende Bücher und E-Books können Sie direkt über den BoD-Verlag (www.bod.de/www.bod.ch) detailliert einsehen, bevor Sie sich für Ihr Wunschthema entscheiden:

- Ab heute bin ich frei!
- Bäume ausreißen! – Trainingsheft für mehr Motivation
- Berufskrise ade! – Frei sein von Arbeitssucht, Stress, Burn-out, Mobbing, Innerer Kündigung und Arbeitslosigkeit
  Bewusstseinssprung in eine neue Dimension
- Blinddate mit Magen und Darm
- Bring Farbe in dein Leben mit Dankbarkeit
- Bring Farbe in dein Leben mit einem einfachen Lächeln
- Bring Farbe in dein Leben mit Heiterkeit
- Bring Farbe in dein Leben mit Herzensfülle
- Bring Farbe in dein Leben mit Hingabe pur
- Bring Farbe in dein Leben mit Liebesweisheit
- Bring Farbe in dein Leben mit Seelenkraft
- Bring Farbe in dein Leben mit Stille in dir
- Bring Farbe in dein Leben mit Wertschätzung
- Bring Farbe in dein Leben mit Zeitlosigkeit
- Das Buch der Erfolgsgesetze
- Die hohe Schule des Lebens
- Die Kunst mühelosen Lernens
- Die Praxis der geistigen Gesetze
- Die Renaissance der Frauenpower – 7 Schritte zur Liebesfähigkeit
- Du bist wie du bist!
- Ein Leben ohne Ängste und Sorgen? – Trainingsheft für mehr Lebensqualität
- Einfach nur schön
- Endlich wieder FIT! – Trainingsheft zur Gesunderhaltung
- Erwachen zum wahren Sein
- Folge deinem Leitstern
- Frau sein – ganz sein, Mentaltraining für eine neue Weiblichkeit
- Geistheilung durch sich selbst
- Gelassenheit
- Gelebte Achtsamkeit

- Gestalte dein Leben einfach neu! – Energetischer Impulsgeber zum Thema Alltagsführung
- Gesund für immer
- Glaube an Dich!
- Glücks-Gesetze
- GoldenWay Edition: Das Leben als Einweihungsweg
- GoldenWay Edition: Ihr Zauberstab Gedankenkraft
- Hilf dir selbst. Sei du selbst. Gesunde!
- Kausal-Training
- Leben im Überfluss, Die Zukunft selbst bestimmen
- Leben in der Gegenwart der Engel
- Liebst du mich auch? Energetischer Impulsgeber zum Thema Partnerschaft
- Nie mehr ärgern, bewusster leben
- Nie oder Jetzt! Aufbruch zur wahren Identität
- Out-Burn, Burn-out umkehren. Der Ausweg aus der Erschöpfungsfalle.
- Perlen der Weisheit
- Probleme adieu! Trainingsheft zur Konfliktbesänftigung
- Schreib Dein Leben um
- Selbstbewusst durchs Leben! – Energetischer Impulsgeber
- zum Selbstwert und Sicherheit
- Selbstheilungskräfte aktivieren
- Sinnfindung leicht gemacht! – Energetischer Impulsgeber
- zum Thema Bewusstwerdung
- Tepperwein Magazin der neuen Generation
- Tepperwein Magazin der neuen Generation 2
- Tepperwein Magazin: Wünsche & Träume mit Mental-Training verwirklichen
- Verwirklichung
- Wahre Freundschaft: Tierisch echt!
- Was wünscht du dir vom Leben?
- WEIH-NACHTEN
- Willkommen in der Leichtigkeit
- Willst du erfolgreich sein? – Leitfaden zu Reichtum und Erfolg
- Wunder vollbringen durch schöpferische Imagination
- Zeit halt, stehengeblieben! – Trainingsheft für ein gutes
- Zeitmanagement

Meine Notizen:

Meine Notizen:

Meine Notizen:

Meine Notizen:

Meine Notizen:

Meine Notizen:

Meine Notizen:

Meine Notizen:

Meine Notizen:

Meine Notizen:

Meine Notizen:

Meine Notizen:

Meine Notizen:

Meine Notizen:

Meine Notizen:

Meine Notizen:

Meine Notizen:

Meine Notizen:

Meine Notizen:

Meine Notizen:

Meine Notizen:

Meine Notizen: